ROLAND
羅蘭
逆襲篇
ROLAND 監修
井上紀良 漫畫
黃詩婷 譯

獻給全世界的粉絲

我要獻給大家的《ROLAND·羅蘭》，
並不是單純的漫畫作品，也不全然是我的自傳，
而是一種全新形態的故事。

前一部《起步篇》描繪的是充滿焦躁感及挫折的高中時代，
以及成為男公關以後到改名羅蘭為止的故事。
續集的本作《逆襲篇》，
則是以我獲得新宿歌舞伎町王者寶座的
過程作為內容題材。

實現夢想——

這是我想透過本作品告訴大家的內容，
也是我自己的強烈感受。
另外，我從金髮染成黑髮，
也和這部作品有關係。
關於這部分，最後面會提及，
還請大家開心的閱讀，我也會很高興。

ROLAND

contents

ザク
ザク
METRO'S
1章 鍛鍊篇
(騷動)
羅蘭的獨白
正因有高中的失敗，才有現在的我
高中時代的羅蘭以成為小說家為目標而努力。
卻歷經落選這個偌大的挫折，之後他——
立於新宿歌舞伎町
週刊文豪
/定価400円(税込) 株式会社 大文豪社
ローランドの独白
高校の時の失敗があったから今の僕がいる
新宿歌舞伎町に立った
独占スクープ!
週刊文豪
週刊文豪
8月25日号
400円

週刊文豪
8月25日号 定価400円
呵呵……那份訪談寫得真是有趣。
週刊文豪
KARIN
日本一のビール誕生。
おいしいビールで、糖質ゼロ。
二番搾り
KARIN BEER

兵藤玲實。
(嗶!)
請在嗶聲後留下您的大名與——
玲實小姐!那篇報導非常有趣!
妳能如此俐落寫出這樣的文章,說不定明天就坐上總編的位置了。

HAREM
KG×PRDC
協力：KG-PRODUCE
我們的首席男公關阿蘭，似乎正好有空了呢。
你就是與羅蘭先生同期的蘭先生，對吧？

ムッ！
（怒！）
ニコッ！
（笑！）
初次見面，您好，是要訪談關於羅蘭的事情，對吧？
在這兒不太好說話，我們到辦公室好嗎？
STAFF ONLY
在同期的男公關眼裡，羅蘭先生是個什麼樣的男公關呢？
確實他做出了很不錯的成果……

我只在這兒說……
他真的算是男公關嗎？
我實在無法接受他頂著男公關的稱號，還被稱為新宿的帝王之類的。
您的意思是？
與其說他是男公關，還不如說是藝人……
雖然他說自己是騎士，但根本就是小丑！
週刊文豪
8月25日号 定価400円

事實上也有因為憧憬他，而成為男公關的傢伙！
8月25日号
定価400円
ARIA BEER
二番搾り
但那些只不過是些吊兒郎當的人罷了！

發薪水時間。

首先是羅蘭，
恭喜第一次上榜，這是你的薪水和公司發的獎金。
パチ
パチ
(微笑！)
ニッコリ！
パチ
パチ

打氣
50元
是上次薪水的一百倍……但我可不會就這樣滿足的。

最後是羅梅歐。
這個月又是我第一啊……
誰來讓我擔心一下寶座呀！

パチ
怎麼可能贏得了羅梅歐先生呢？
像吸盤魚一樣寄生在別人身上，有那麼值得開心嗎？
我絕對要憑藉自己的力量拿下第一名！
HAREM
KG×PRDC
話雖如此……該怎麼樣才能贏羅梅歐呢？
知道誰是大客戶也不是那麼簡單……

先吃個飯，
再來慢慢想吧。
吉牛家
YOSHIGYUUYA
2F 客
(喀噠！)
吉牛家
YOSHIGYUUYA
牛丼
並盛280円
大盛380円
(剝開)
(咚！)
(抓住！)

羅蘭，你跟我來。
(遞出)
ピッ

焼肉
游々亭
我哪裡惹他生氣了……？
你明白為何我要把你從牛丼店拉出來嗎？

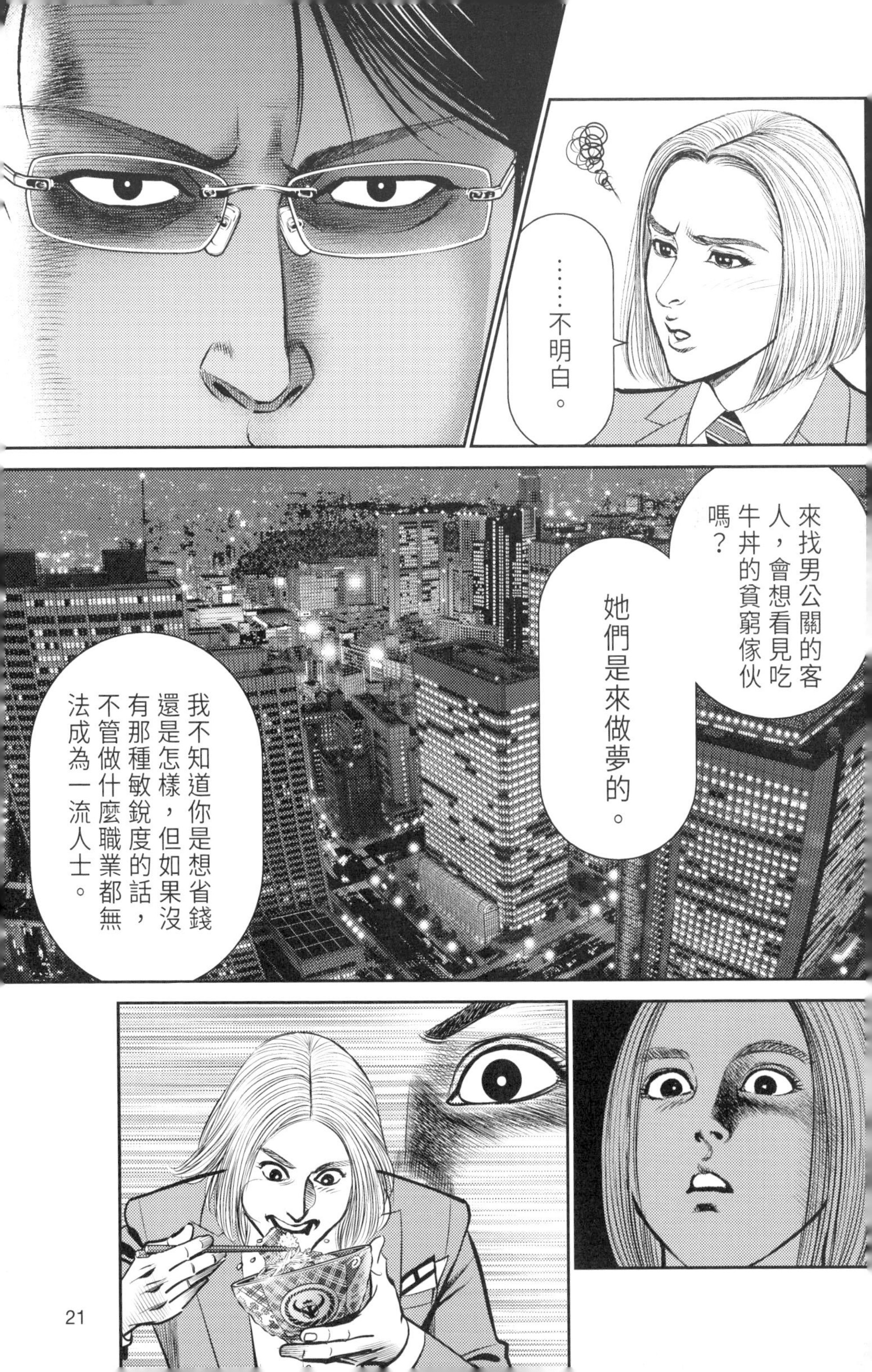
……不明白。
來找男公關的客人，會想看見吃牛丼的貧窮傢伙嗎？
她們是來做夢的。
我不知道你是想省錢還是怎樣，但如果沒有那種敏銳度的話，不管做什麼職業都無法成為一流人士。

要記得你不知道客人會在哪裡看到你。
吃著牛丼的平民男公關，就是你認為傳說中的樣子嗎？
這不只是你的問題，客人也會覺得被耍。
（遞！）
サッ!

讓人覺得有趣的傢伙，不管在哪間店最多也只是第三名……
我可是很期待，你能成為改變新宿的人。
(熱氣騰騰)
(沙沙沙)

驚安の殿堂
ドン.キホーテ
Free Shop 免税
Don Quijote
ドン.キホーテ
Don Quijote
Tax Free Shop 免税店
Don Quijote
蘭先生，那位客人……是地雷對吧。
沒錯……記得她叫阿純，愛裝初次消費享用優惠的傢伙。
她無論到哪家，都只花一千元，然後狂喝招待酒。

羅蘭那傢伙，
還是一樣沒眼光。
就算抓住那種客人，也是一毛錢都拿不到呀！
HAREM
KG×PRDC

カンパ～イ！
(乾杯～！)
咦？阿純妳是大學生喔。
妳喜歡喝酒？
嗯！歌舞伎町讓人好開心呀！
羅蘭，過來一下……
……那位客人是以付初次入店一千元費用而出名的奧客，
每次都裝成第一次來，已經來過好幾次啦……
讓她進店是我的疏失，我想她肯定不會付所有費用的，還是現在就把她趕走比較好吧？

你覺得一流的男公關會把客人趕走嗎？
羅蘭我不會這麼做的。
久等啦！阿純～～
Hennessy
Vittel
COGNAC

今天真是謝謝妳。
咦？不用結帳嗎？
HAREM
今天是妳與羅蘭相遇的紀念日，就不用在意了。
希望妳能夠再來呀。
ピシッ！

今天她喝的都從你的薪水中扣，沒問題吧？
下一次可別再招待這種小氣的客人啦。
森川先生……雖然欺騙客人的男公關很多，
但我覺得，有位相信客人的男公關也很不錯。
就等著瞧吧！

大文豪社
這篇訪談的迴響很棒呀！
雖然大家都以為他無法在男公關界出頭，會馬上辭職，沒想到他其實打了很久的基礎。
是啊，一般打基礎大約是二到三個月左右，
但他成為頂尖牛郎大概花了一年，算是頗長的。
雖然被稱為男公關界的帝王，但他與其他的人可是截然不同。
的確是。
話說回來，妳拜託我找那個……
據說在他高中時所寫小說的評論，我找到囉。

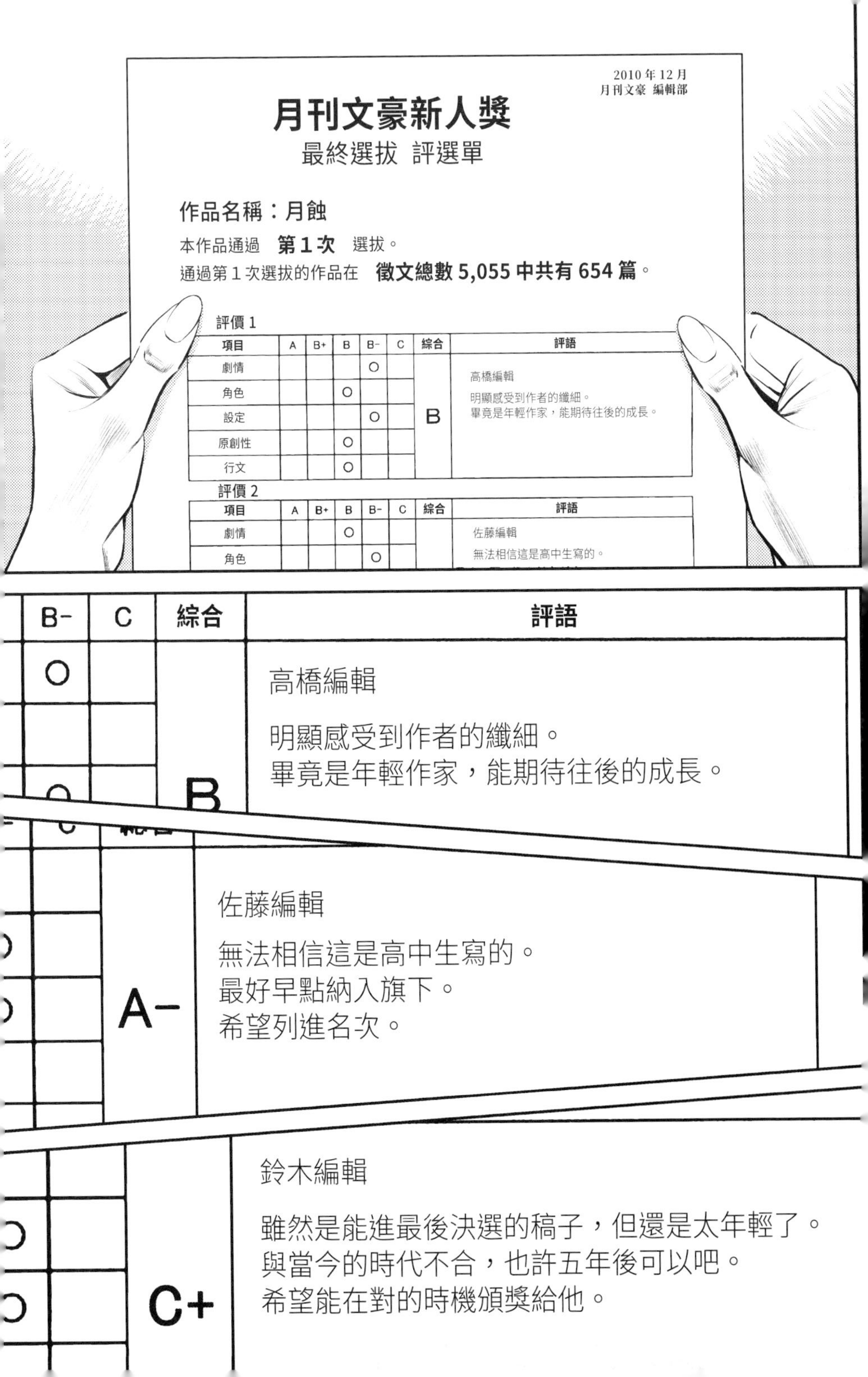

2010年12月
月刊文豪 編輯部
月刊文豪新人獎
最終選拔 評選單
作品名稱：月蝕
本作品通過 第1次 選拔。
通過第1次選拔的作品在 徵文總數5,055中共有654篇。
評價1
項目 A B+ B B− C 綜合 評語
劇情 B− ○
角色 B ○
設定 B− ○
原創性 B ○
行文 B ○
綜合 B
高橋編輯
明顯感受到作者的纖細。
畢竟是年輕作家，能期待往後的成長。
評價2
項目 A B+ B B− C 綜合 評語
劇情 B ○
角色 B− ○
佐藤編輯
無法相信這是高中生寫的。
B− C 綜合 評語
B
高橋編輯
明顯感受到作者的纖細。
畢竟是年輕作家，能期待往後的成長。
A−
佐藤編輯
無法相信這是高中生寫的。
最好早點納入旗下。
希望列進名次。
C+
鈴木編輯
雖然是能進最後決選的稿子，但還是太年輕了。
與當今的時代不合，也許五年後可以吧。
希望能在對的時機頒獎給他。

小說本身我也讀了，這真的是第一部作品？
如果我是編輯，還真想負責他的作品呢。
如果沒掛上羅蘭的名字，你覺得這個作者是什麼樣的人？
藝術家……
雖然有些過於自信……
但是非常熱情，總覺得會是令人想支持他的人。

自転車
サイクルショップ
オリーブ
CYCLE SHOP OLIVE
SINCE 1982
修理大歡迎
婆婆，午安！
唉呀，你變得這麼帥啦。婆婆我要是年輕個五歲，也想去你店裡啦！
您隨時都可以過來呀，我保證您能度過最美好的一段時光。
哈哈哈！今天怎麼啦，又要打氣？
不……我有輛想買的腳踏車……

歌舞伎町一番街
焼肉
お好み焼本陣
（焦躁）
そわ
そわ
ハッ！
ROLAND
ROLAND
ROLAND

讓您久等了，那麼請將包包交給我吧。
ス ッ！
ROLAND

シュルーーッ!!
(咻!)
ふわさ～～～っ!
(鋪上～!)
小姐，那麼我們出發吧？

新宿区役所通り
Shinjukukuya
梅村ビル
那是怎麼回事？
那個男公關……
（喀嚓！）
妳不知道嗎？他是HAREM的羅蘭，
聽說要打造傳說呢！
好誇張喔，
下次去看看好了。

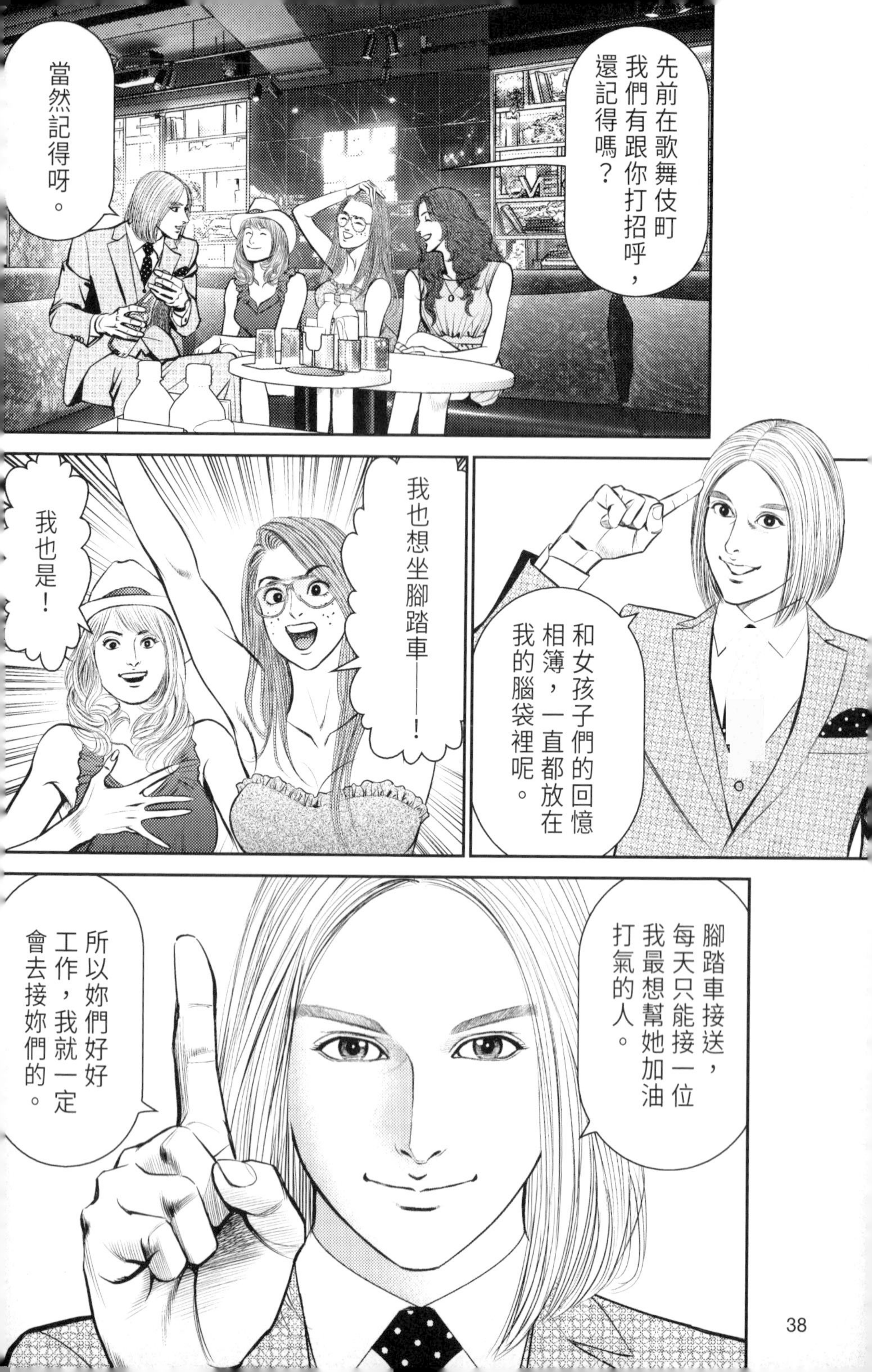
先前在歌舞伎町我們有跟你打招呼，還記得嗎？
當然記得呀。
和女孩子們的回憶相簿，一直都放在我的腦袋裡呢。
我也想坐腳踏車——！
我也是！
腳踏車每天只能接送一位，我最想幫她加油打氣的人。
所以妳們好好工作，我就一定會去接妳們的。

那我今天要大喝一頓，明天開始好好加油！
妳別光自己出風頭啊！
(敬羅蘭！)
ローランドにカンパーイ！
這個月羅蘭的新客人就有三十位以上，
當然持續來的老客人也很多。
1,000,000
900,000
800,000
シン
鳳凰院龍堂
駿
ルナ
マモル
ローランド
シュン
輝
AKIRA
小鳥遊 隼人
夜風コウ
タクミ
冬馬
春風ダイ
キラ
速水 蓮
整個HAREM都被他帶著走而變得有了活力，
原因我不是很清楚，不過自從羅蘭脫胎換骨之後，總覺得店裡的狀況也變好了。
ロメオ
NO.1
ラン
NO.3
NO.4
NO.5
タクミ
NO.6
駿
NO.7
ルナ
NO.8
夜風コウ
NO.9
ROLAND
NO.10

畢竟經驗還很淺，羅蘭沒有在挑客人呢……
我今天又來了！可以點最便宜的酒就好嗎？

公主降臨此地就讓
這兒蓬蓽生輝了，
您別擔心。

——1個月後
（喀！）
コッ
歡迎光臨，請問要指名哪一位……
ギョッ！
我要找羅蘭，麻煩了。
羅蘭目前正在接待許多組客人……
PRAOA
MILANO

えへっ!!
包含以往要回報他的，我今天打算大開特開！
VIP
ROOM
今天是和羅蘭的第十次紀念日！
就搭個香檳塔吧！

嘿～
美麗的公主
呼喊著香檳！
我們收到了
呼喊著香檳！！
1、2、
王子與公主～
呼喊著香檳～

喝吧
乾啦乾啦乾啦!
哈哈哈
一口氣喝下~
因為想看見公主
美麗的笑容
哈哈!哈哈!
(眨眼)

HAREM
KG×PRDC
羅蘭真是個奇怪的傢伙。
但還真的是挺有趣的。
雖然我先前是羅梅歐那派的，不過是不是該換邊站啦？

很好啊，如果你們想去羅蘭那兒……
ニコリ！
（笑！）
羅、羅梅歐先生……！非常抱歉！
（噠噠噠！）
那種貨色的男公關居然得意忘形了，真是看不下去……
差不多該認真地毀掉他了……

只是讓人覺得有趣的傢伙，也只能停留在第三名

我對於第一次上榜時的景象，記得比第一次拿到第一的時候還要清楚。雖然每間店會有差異，不過我最初工作的地方並不是很大的店家，因此每個月銷售額達到五十萬日幣左右，就可以稱之為「上榜」。

但那個五十萬的障壁對當時的我來說卻非常高，總覺得就是無法超越它。我大概花費了一年左右，才成功體驗到實際上超過那個金額的喜悅，同時也感受到自己的做法並沒有錯，店裡將我的照片掛到牆面上的時候，我真的好開心……

上榜了以後才會被認可是一個「獨立的男公關」，這是歌舞伎町的認知，因此我也覺得「終於真正以男公關身分開始生活了」，還有「終於進入我的時代」(笑)。

之後如同故事中一樣，我也嘗試了許多方法、經歷許多錯誤。由於必須了解更加上流的世界，因此一個人去高級餐廳學習裡頭的氣氛，藉由閱讀來研究說話的方式，看電視觀察會說話的人怎麼說的，心想著原來還能夠這樣對話，學到了不少的事情。基本上就是努力把自己向前推，現實中當時的那個第一名真的非常強，我一直在思考著該如何才能超越那個人。

在故事當中提到了「只是讓人覺得有趣的傢伙，也只能停留在第三名」這件事

情。當然「帥氣」也是如此，靠潛能決勝負到某個程度，如果覺得「這樣就行了」而止，內心沒有思考超越就無法獲得勝利，簡言之，就是要認真面對自己的工作才行。

我原本就不是潛力特別高之人，學生時代也沒有戀愛經驗，在這種情況下要以男公關身分和其他人一決勝負，怎麼可能不多動動腦筋呢？若我原先就滿帥氣的，又很容易得意忘形，可能就不會這麼努力了吧（笑）。若是如此，可能就是個普普通通的男公關罷了。原先就沒什麼潛力，才會想著必須要有所改變，也因此才能夠成為第一吧。

要拿到頂尖之位，最重要的就是貫徹始終。我想大多數人應該會在拿到第二或第三的時候就感到滿足。就算不是頂尖中的頂尖，薪水其實也不會差太多吧？會覺得這樣應該就行了而感到滿足，而能不能從那種階段，繼續添加柴火奮力燃燒下去，才是產生差異的關鍵。

在到達不錯的階段前，大家都會非常努力。為了不要讓自己停留在那個階段，要思考下一個新目標。第二名以下與第一名的意義完全不同，最困難的就是與自己的滿足心戰鬥，只要能夠持續戰鬥下去，就會繼續向上爬升。

2章 邁進篇
プルル…
(嘟嚕嚕……)
プルル…
不明來電
不明來電
您好，我是兵藤。
我讀了您寫的羅蘭報導！我是《週刊現在》的總編。
那篇訪談真的非常有趣，若您有興趣……

誰啊？
敵對的出版社，看了報導以後打電話給我。
說他們副總編的位置空著，問我要不要過去，是挖角……
太棒了！一口氣升官哪！
這樣就可以跟妳說的那個利用權力霸凌的上司道別，薪水也會提高了吧？
妳要寫這種無聊文章，就給我辭職！

的確……不過接下來工作可能會更忙。
應該怎麼辦才好呢……
週刊文豪
9月8日号 定価400円
ローランド
独占インタビュー 第三弾
Ro LAND
我覺得選薪水比較好的地方就行啦。
日本一のビール誕生。
二番搾り
（羅蘭獨家訪談第三回）
週刊文豪
9月8日号 定価400円
ローランド
独占インタビュー 第三弾
Ro LAND
～俺か、俺以外か～
雖然討厭那位總編，但也因為這篇訪談才會有人來挖角，該怎麼辦呢……
週刊文豪
9月8日号 定価400円
羅蘭
獨家訪談 第三回
Ro LAND

HAREM
KG×PRDC
VIP
ROOM
今天你看起來也很順利呢。
唉呀，難道妳看過我不順的日子？

話說回來，我聽說聖也先生好像要退休了。
咦？怎麼會！
（流）
ボタ
ボタ…
唉呀！
抱歉、抱歉。
（擦試）
真是的！現在不要想著聖也，你該注意的人是我呀！

……抱歉，我今天會在妳這兒久一點的，能原諒我嗎？
這樣啊，好吧……
ニコッ！
ニコッ
(微笑)
為什麼要退休呢……我才剛從聖也先生那裡接下羅蘭這個名字呀……
要不要去向聖也先生報告，我終於上榜了呢……

新宿区役所通り
30
我祈禱這個名字有一天
在歌舞伎町成為傳說，
能夠傳進
我的耳裡喔。
不，不行……！
我連這間店的第一
名都還沒拿下呢！

JR
新宿駅
JR東日本
新宿駅
STARBOOKS COFFEE
新宿駅 東口
(啊哈哈哈)
(哈哈哈)
新宿駅 東口
羅蘭。

攬客辛苦啦，你今天不是休假嗎？
欸，是沒錯啦，但我想做得更多啊。

羅蘭……真是
脫胎換骨了。
マジ
マジ
（啪！）
說的也是！
你要在歌舞伎町
打造傳說嘛！
但可別太過勉強，
搞壞身體啦！

嗶)(嗶)
ピッ
ピッ
(叮叮)
ポン!
ピッ
我今天領薪水，
要不要去見見你！
謝謝妳！
我會全力讓妳開心的！
ポン
ピッ
ポン!
ピッ
昨天真的好開心唷～
我好遲疑今天
要不要再過去呢ｗ
就算妳不過來，
我也會等妳的！
ピッ
ピピッ
ピッ

ガチャッ!
辛苦啦。
(嗶嗶)
羅蘭不搬出宿舍嗎?你最近不是賺了挺多的?
我還不會搬出去。因為不願忘記曾經被公司以炒魷魚威脅過,畢竟我也還沒拿下第一,所以不想太得意忘形。
我還沒以男公關的身分大獲成功。

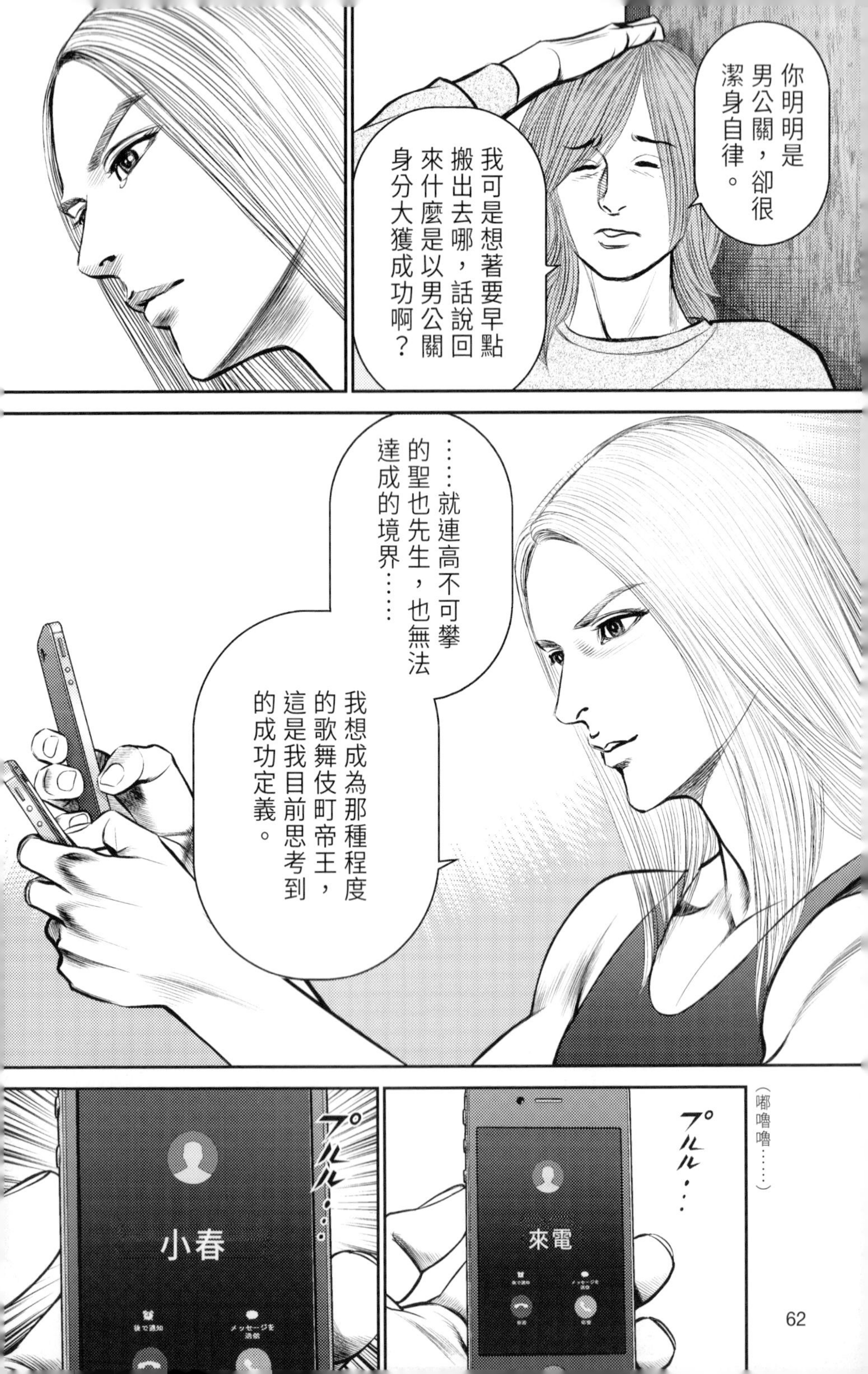
你明明是男公關，卻很潔身自律。
我可是想著要早點搬出去哪，話說回來什麼是以男公關身分大獲成功啊？
……就連高不可攀的聖也先生，也無法達成的境界……
我想成為那種程度的歌舞伎町帝王，這是我目前思考到的成功定義。
（嘟嚕嚕……）
プルル…
來電
プルル…
小春

我今天想去店裡～
ポン!
(叮!)
喂喂，是小春嗎？
我知道了，奈美小姐八點過來的話，我就能讓妳獨占了好不好？
那麼妳可以在開店時間就到嗎？
那麼我就請店裡幫我放「春天來了」當背景音樂吧？
ポン!
(叮!)
わかった!
(好的!)

HAREM
KG PRDC
(喀喀)
喂，新來的，有空嗎？
是的，什麼事情呢？
(笑)
(抓！)
有點事情想請你幫忙啦……

（磅！）
ポン！
你願意幫忙吧？

ローランドにカンパーイ!
(敬羅蘭一杯～！)

(噠噠)
ズカ
ズカ
(啪！)
ガッ！

バシャッ!
キャあ～～ッ!!

真不敢相信！
羅蘭你結婚了嗎！
HAREM 的羅蘭
那傢伙好像已經結婚還隱瞞年齡喔，
我看過他跟醜八怪老婆走在一起，
而且他好像還會打女孩子。
我也知道。
請那傢伙幫忙接待客人的時候，
還差點從我錢包抽走錢，
真的是很糟糕的傢伙。
HAREM 的羅蘭
那傢伙好像已經結婚還隱瞞年齡喔，
我看過他跟醜八怪老婆走在一起，
而且他好像還會打女孩子。
我也知道。
請那傢伙幫忙接待客人的時候，
還差點從我錢包抽走錢，
真的是很糟糕的傢伙。

(呵呵)
ニヤ
ニヤ
(滴…)
ポタ
ポタ
(滴滴)
ポタ
ポタ
你不說點什麼嗎？

情報和男公關一樣，有便宜的，也有不好的呢。

能夠免費得到的東西，沒什麼價值，八卦也是一樣的。
甚至連一包面紙都不值，對吧？
對不起……

我以前在紀實節目裡看過……這樣的場景。
唉呀，當男公關也會希望經歷一次這種場面，真是個好經驗。
(難過
(啪！)
(噠噠)

抱歉啦，嚇到大家了。
你回答得挺不錯嘛，你真的結婚了嗎？
當然沒有啊，
我內心決定了，當男公關的時候別說是結婚了，我也不會跟任何人交往的。
而且羅蘭先生現在還住在破宿舍裡喔，
他說登上第一名之前是不會搬出去的。
我明白了！那我今天要大喝好讓你拿到第一名！
我也是！

……發生了這種事，該怎麼辦呢？

不必做任何處理。
了解。
(碰!)
パタン!
光線越是強烈，影子就會越深。
如果因此被淹沒在陰影當中，就不是男公關了。
正是因為有著男公關引導人們的光輝，人們才會需要他們。

現在
今天的訪問到此為止，非常感謝您。
唉呀，當男公關呢。羅蘭很努力發生過很多事情，雖然不過能聽到這些，我還是很開心。
話說回來，玲實小姐，妳又有什麼煩惱了嗎？
原來如此……
其實是有其他雜誌社來獵人頭，我很煩惱該換公司還是留在原來的公司……

雖然有很多上班族終生都在同一間公司工作，不過像是足球選手之類的，就經常會換球團。
我這裡，也是每天都有人商量挖角的事情。
如果客人夠多，就算是去其他店家也還是能大展身手。
不過選項真的只有這兩個嗎？
（驚！）
下次見面的時候，我會告訴你結果。
我會期待好消息的。

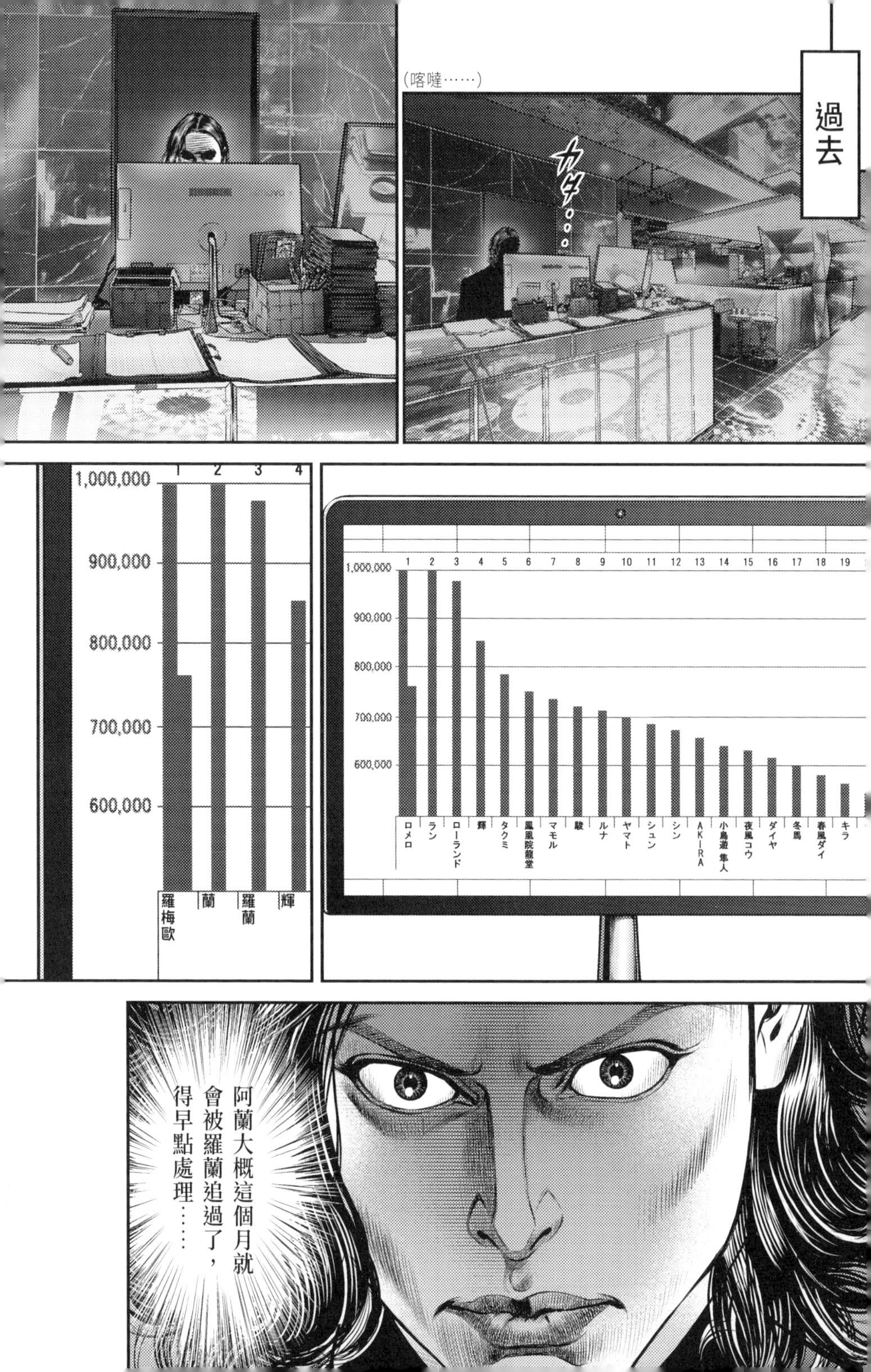
過去
(喀噠……)
カタ。。。
1,000,000
900,000
800,000
700,000
600,000
1 2 3 4 5 6 7 8 9 10 11 12 13 14 15 16 17 18 19
ロメロ
ラン
ローランド
輝
タクミ
鳳凰院龍堂
マモル
駿
ルナ
ヤマト
シュン
シン
AKIRA
小鳥遊 隼人
夜風コウ
ダイヤ
冬馬
春風ダイ
キラ
1,000,000
900,000
800,000
700,000
600,000
1 2 3 4
羅梅歐
蘭
羅蘭
輝
阿蘭大概這個月就
會被羅蘭追過了，
得早點處理……

HAREM
ブロロロン!
羅梅歐，好久不見。
拜託我的代價很高喔。
（碰！）
沒問題。
嘻。
（踩！）
煩死啦！快開車！

侠極 侠 興業
P
Parking
大国会 天龍会 中邑组 黒井组 桑原组 沼袋组 井上组 水野组 白崎组 太田组
希望你能幫忙教育一下我們家的男公關。
能幫這個忙嗎？方法交給你決定。

我不知道你打算做什麼……
不過既然做的是男公關這麼不中用的工作，把他打包起來就行了吧？
那些傢伙的臉就是命，把臉蛋踢爛好了。
唉呀，男孩子真是可怕。

協力：Jeremiah Tokyo

妳好，能坐妳旁邊嗎？
ガタン！
（喀噠）
聖、聖也先生。
妳認識我呀？真令人開心。
我正在訪問羅蘭先生，
他因為憧憬您，而進了歌舞伎町……
這樣啊。這間店也是羅蘭介紹的，我才成了常客。

歌舞伎町一番街
劇場通り
自転車を除く
聖也先生成為牛郎的契機是？
認識我的話，應該就能明白。

我是個不願意輸給任何人、也不會屈就他人之下的男人。

是的……我聽羅蘭說，您的自尊比任何人都高，是個對於勝利有著非常強烈執著的男公關。
像我這種人，根本無法融入普通的社會吧？
（驚！）
的、的確是。

等我一回神，已經來到歌舞伎町了。
因為這裡，可以憑藉自己的力量，要爬多高就能爬多高。

歌舞伎町第一的男公關俱樂部就是這兒嗎？
搞什麼啊，你是誰？
要不要從今天開始雇用我呢？我想你們絕對不會後悔的。

然後我就在這條街上，賺了幾十億。
真是可怕的金額……像聖也先生這樣的人，在從事這行最開心的瞬間，是哪時候呢？
（一愣！）
キョトン！
啊，真抱歉。我都問些好像在訪談的問題！真是職業病……
我不討厭工作狂，所以沒關係的。
如果將某件事情做到極限，就會經常在思考工作的事情，那樣很不錯。
ポッ！
非常謝謝您。
（怦！）

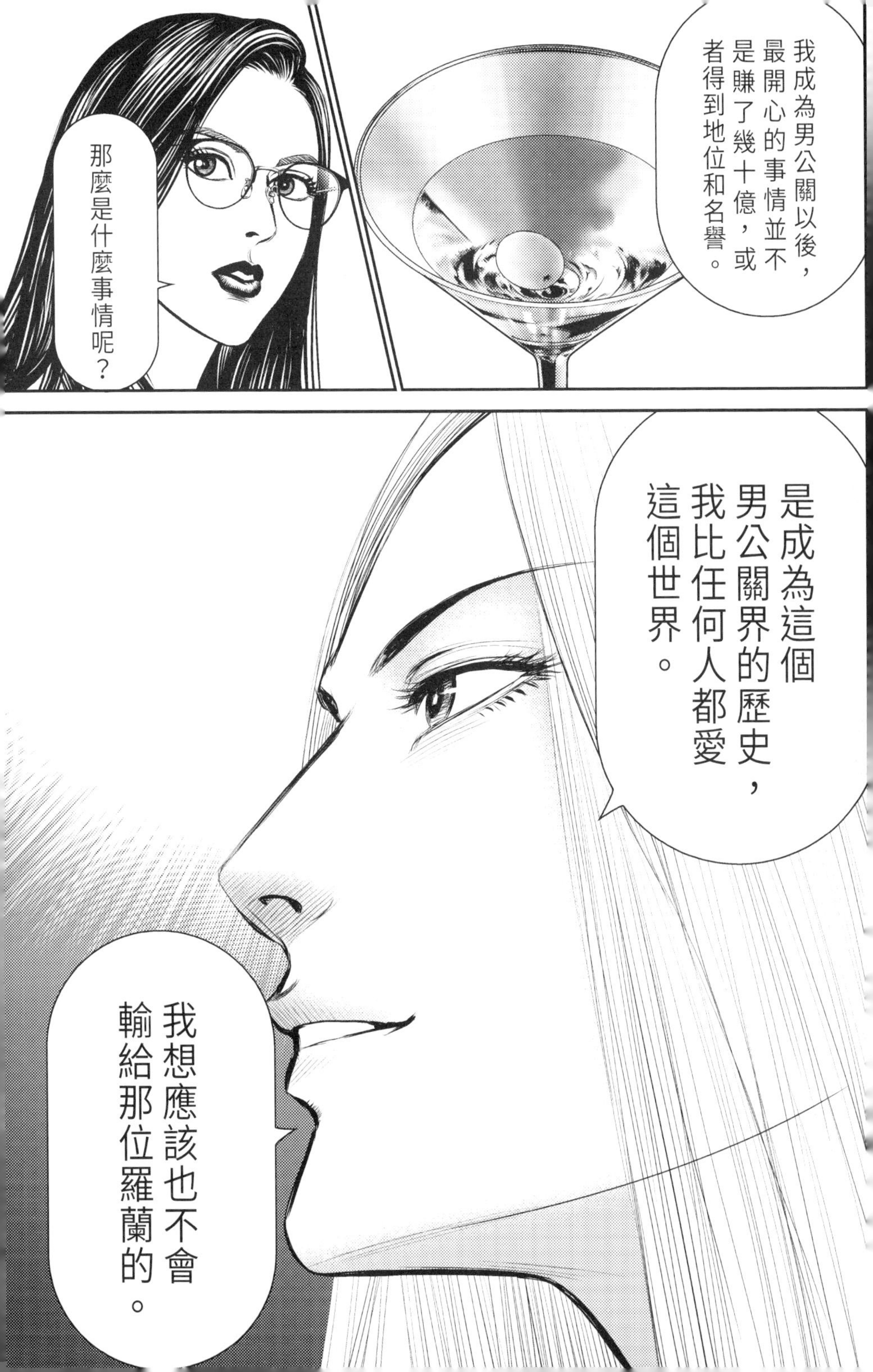
我成為男公關以後，最開心的事情並不是賺了幾十億，或者得到地位和名譽。
那麼是什麼事情呢？
是成為這個男公關界的歷史，我比任何人都愛這個世界。
我想應該也不會輸給那位羅蘭的。

原來如此，不會輸給羅蘭……是嗎？
是啊……我想你問他的話，肯定也會是相同的回答。
他會說：「我愛這個業界的程度，絕對不會輸給聖也先生。」
羅蘭真的是非常有趣的男人呢！
的確是呀。

過去
（嘰嘰——）
キギャアアアアアッ！
（嗟嗟！）
ダダッ!!
ガッ！

快住手！
（啪！）

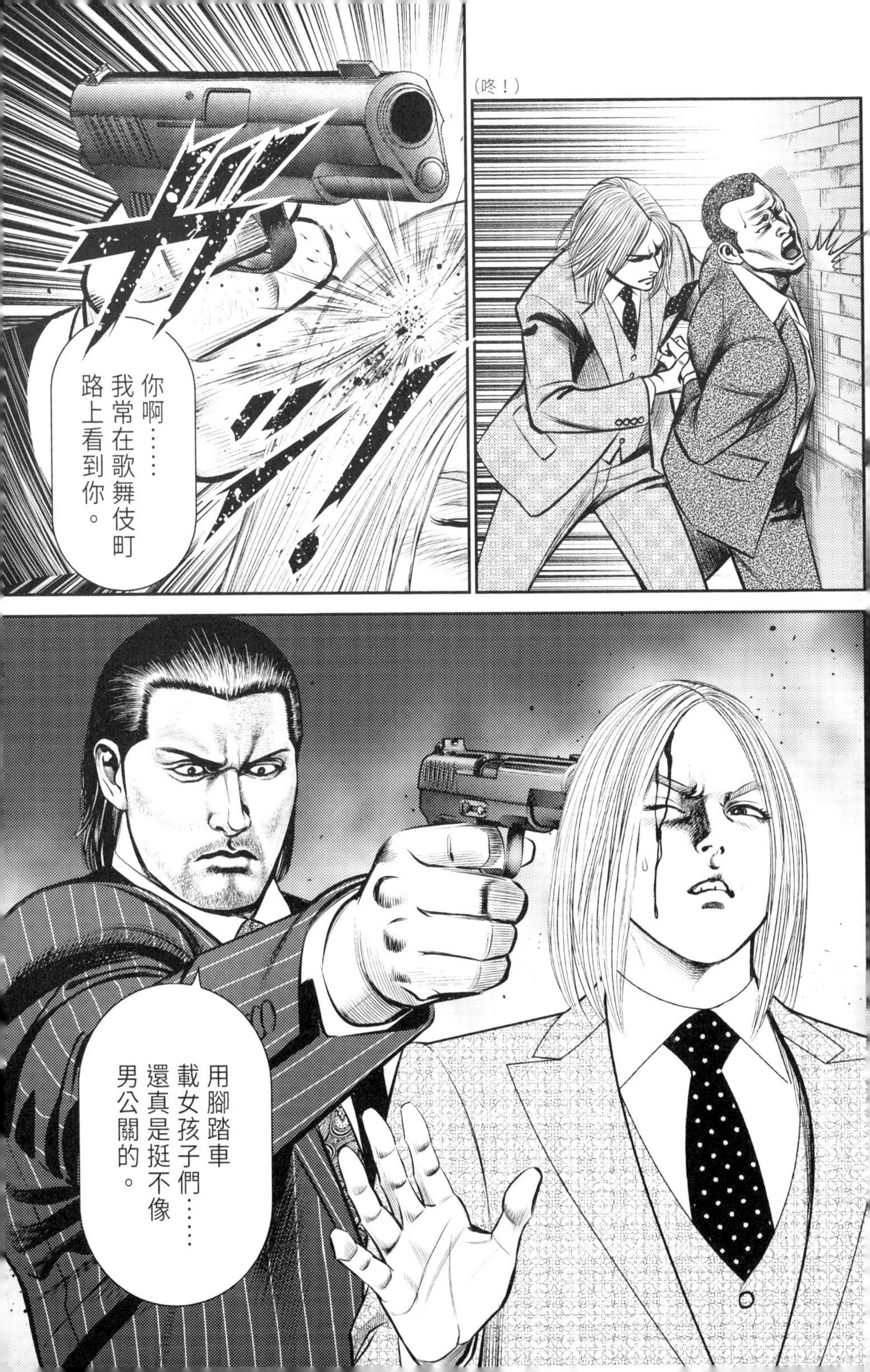
(咚！)
你啊……我常在歌舞伎町路上看到你。
用腳踏車載女孩子們……還真是挺不像男公關的。

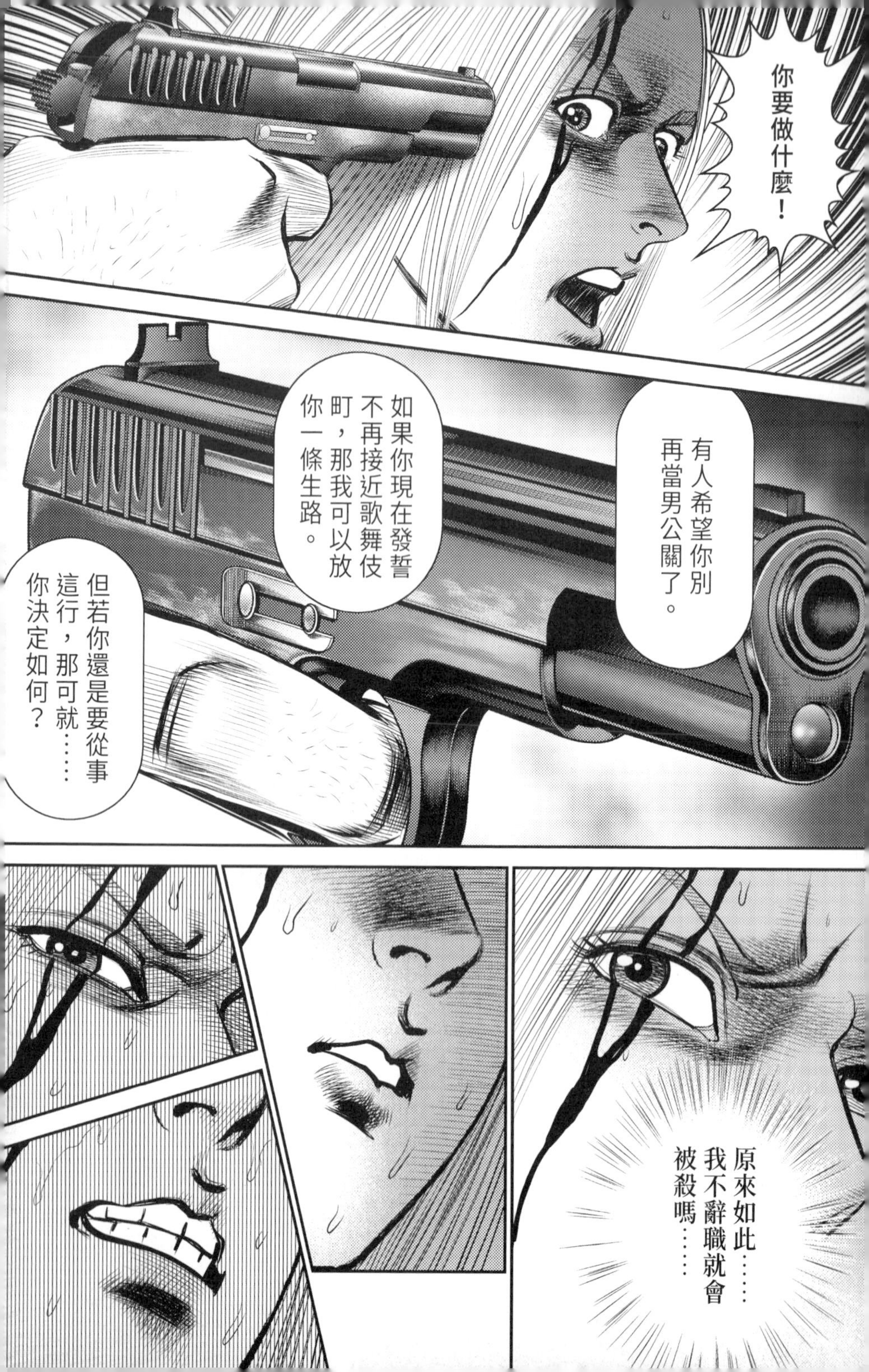
你要做什麼！
有人希望你別再當男公關了。
如果你現在發誓不再接近歌舞伎町，那我可以放你一條生路。
但若你還是要從事這行，那可就……你決定如何？
原來如此……我不辭職就會被殺嗎……

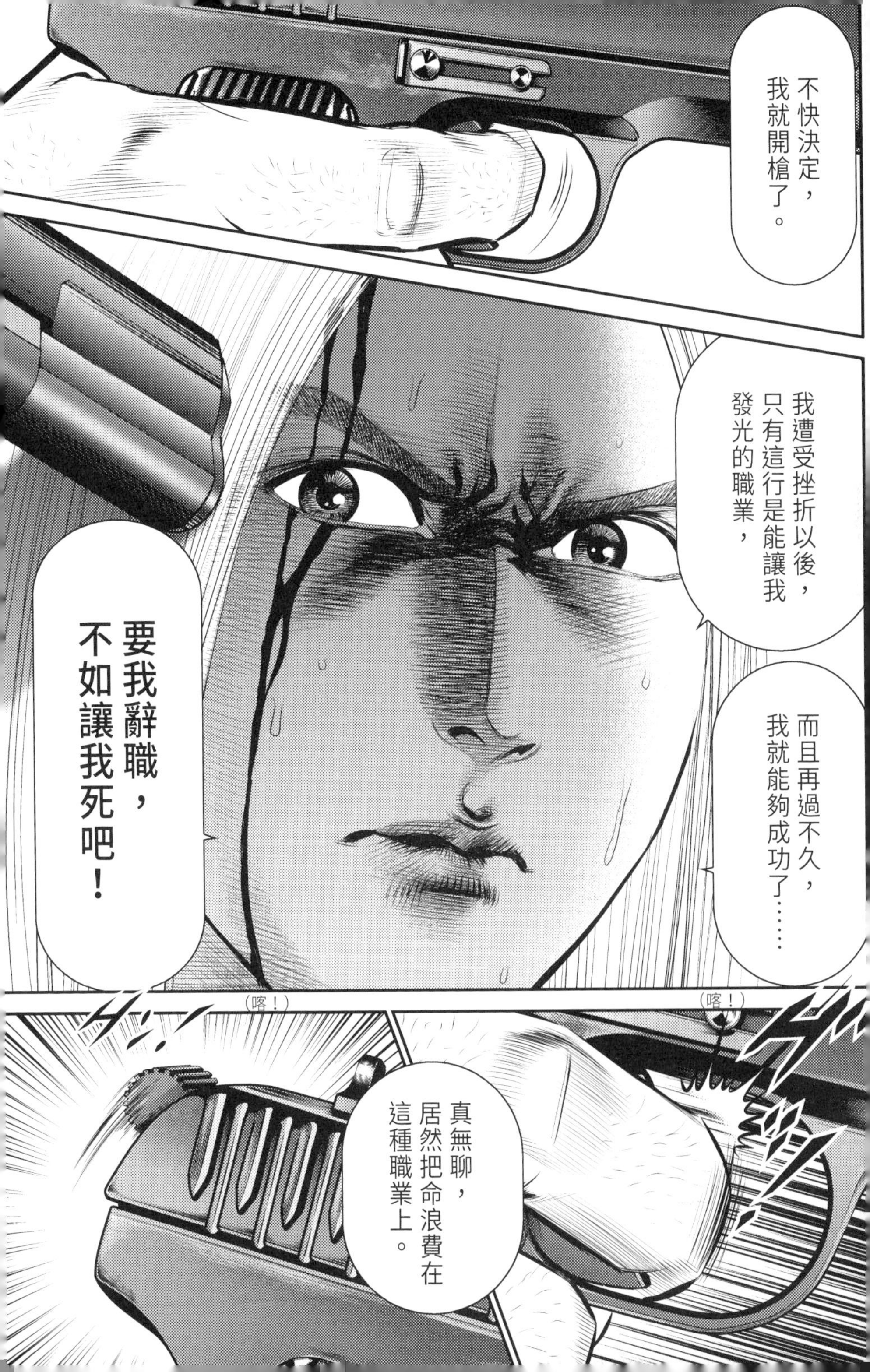
不快決定，我就開槍了。
我遭受挫折以後，只有這行是能讓我發光的職業，
而且再過不久，我就能夠成功了……
要我辭職，不如讓我死吧！
(喀！)
(喀！)
真無聊，居然把命浪費在這種職業上。

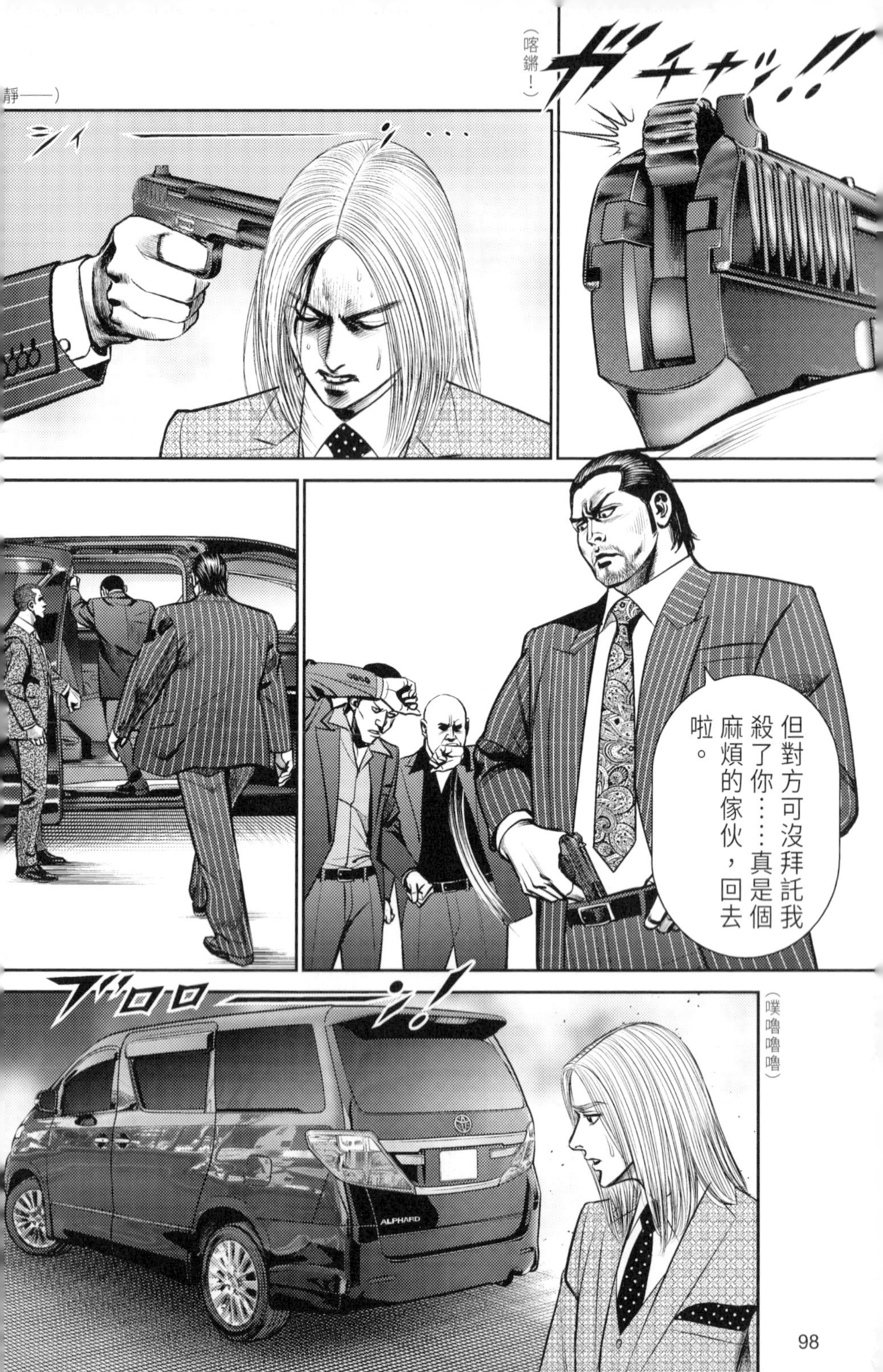
ガチャッ!!
（喀鏘！）
シィ──ン…
（靜──）
但對方可沒拜託我殺了你……真是個麻煩的傢伙，回去啦。
ブロロ──ッ!
（噗嚕嚕嚕）
ALPHARD

喂，如果有人要你別幹黑道，不然的話就殺了你，你會怎樣？
就不幹黑道了吧？
(呼──)
以往寧願死也不願意離開黑道的傢伙可多了呢。
那些人都被抓起來丟進了東京灣呀，能夠繼續做下去的，可都不是簡單傢伙呀！
那個男公關會去報警嗎？
誰知道！總會有辦法的啦！

成為男公關以後最開心的事情

在故事當中，聖也被問到成為男公關以後最開心的事情，他回答：「是成為這個男公關界的歷史」，而我也完全是這樣的心情。

但這和當初剛入行的想法並不相同，如果是在我剛成為男公關的第一、兩年問我這個問題，我一定會回答「能賺大錢」。

到了第三、五年，是認同自己。周遭提高了我的自我肯定感，我應該會認為自己「受到認同」這個狀況，本身就是最幸福的事情。

到了第六、七年，我一定會回答：「客人向我道謝，就是我最開心的事情。」如果晚年問我這個問題，大概也會是這樣的回答。

正因為有「男公關」這個業界，所以我才能抬頭挺胸地回答我的人生真的很幸福，因此我對於這個業界，也感受到無法取代的恩情以及愛情。

而我似乎一個不小心，成為了這個男公關業界歷史的「封面」了嗎？每當想到這件事情，我就覺得很開心。這也是我回報這個業界的愛情，不過正因為有這份愛情，我才能成為歷史的一頁，這是最讓我開心的。

聖也的回答，也是我發自內心的答案。

只要不斷重複，夢想就能實現

本作當中出現的聖也，全名是道明寺聖也，是本漫畫的原創角色，不過他的原型是我人生當中唯一偶像《夜王》中的上条聖也，而且本漫畫也委請《夜王》的井上紀良老師繪製，因此在我心中是將他們重疊在一起的。

我會將頭髮染成金色就是因為憧憬聖也，連髮型都完全模仿他。而且十年來不斷說著「我喜歡聖也」，千迴百轉之後，這句話也傳到了這本書的編輯耳中，因此才會有了這個企畫。在那個瞬間我心想，夢想只要好好許願祈禱並且誠實面對，就算樣貌有些改變了，還是會付諸實現的。所以我不怕丟臉，持續地告訴大家。

畢竟一般人會認為「想見見漫畫中角色」，根本就是不可能實現的事情。大多數人長大以後也會放棄，但沒想到我竟然實現了這個夢想。

我想，應該有些人對於自己想成為〇〇的夢想隨著時間而漸漸放棄，內心變得非常現實，因此不斷告訴自己「不可能的」。但我從這次的經驗中真實體驗到，持續追逐夢想有多麼重要。希望能讓大家感受到「就連漫畫角色都能夠見到面的！」體會不放棄有多麼重要，我就非常開心了。

這次怎麼會是黑道找上門呢……真不知道你在搞什麼。
3章 逆襲篇
真是抱歉，但這次森川先生沒有說要炒我魷魚呢。
那個是……唉呀，你現在是我們的紅牌啦！
總、總之還好撿回一命。

能猜到是誰委託黑道的嗎？
即然受傷了，今明兩天你就先休假在家吧。
不行！樓下還有女孩子在等我哪！

唉呀，久等啦！
バッ!!
你的頭怎麼了？受傷了嗎？好像很痛……
我上樓梯滑了一下。
（冒出！）
而且上天告訴我，羅蘭你的臉長太帥了，這樣不公平。
サッ!
這樣正好均衡一下！
（哈哈哈！）

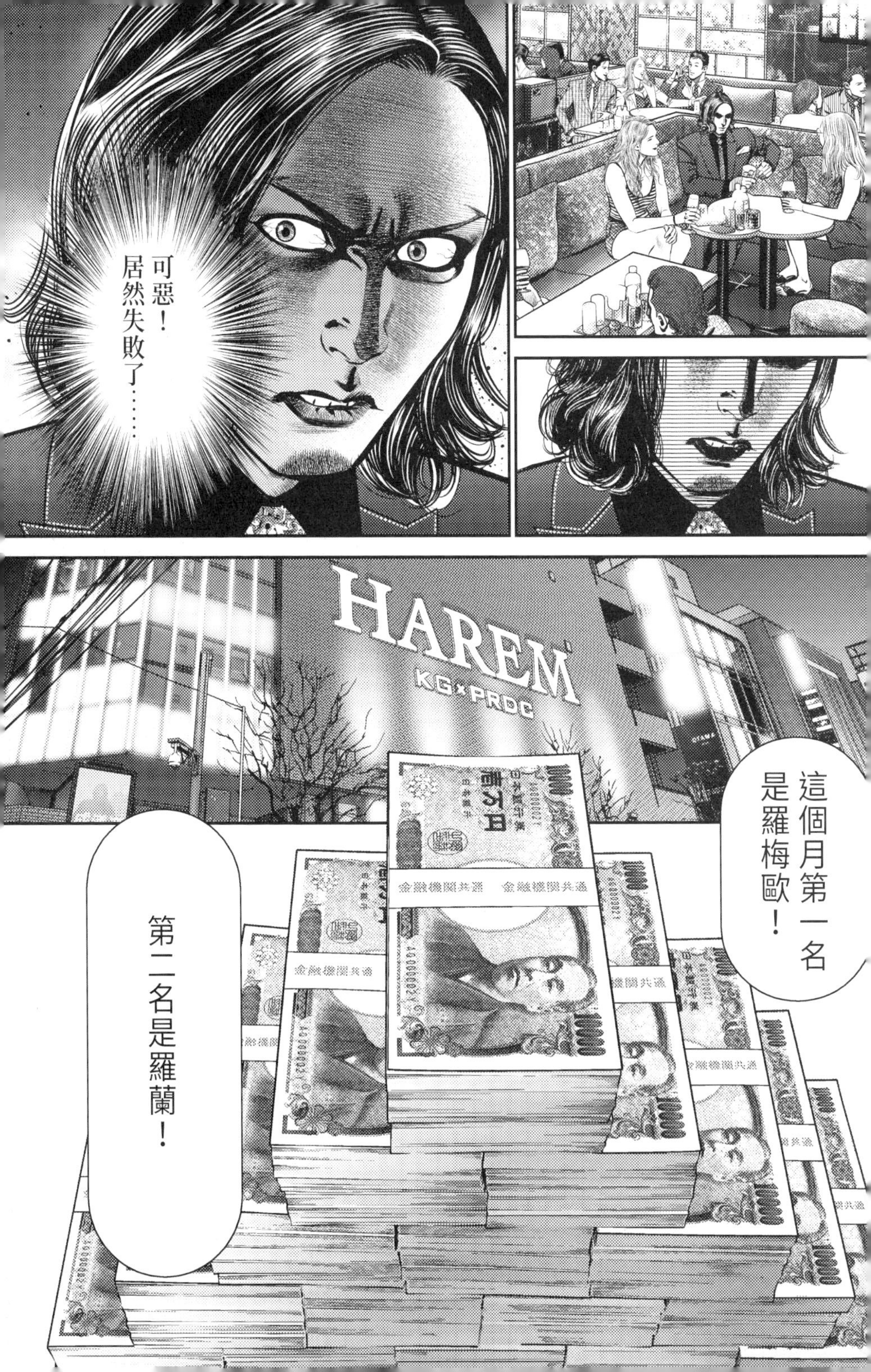
可惡！居然失敗了……
HAREM
KG×PRDC
這個月第一名是羅梅歐！
第二名是羅蘭！

（鼓掌）
パチ
（啪！）
パ！
（啪啪！）
パパ
我有件事情要和大家商量。

意氣風發的羅蘭哪，要不要以下個月的銷售額一決勝負？
贏的人就當老大。
你在說什麼！就算是羅梅歐也不能這樣任性！
羅蘭應該會接受吧？
ザッ！
（喀！）

羅梅歐先生，你第一名的寶座應該也坐累了吧，
要不要賭一下，若是輸了的人就自動走路？

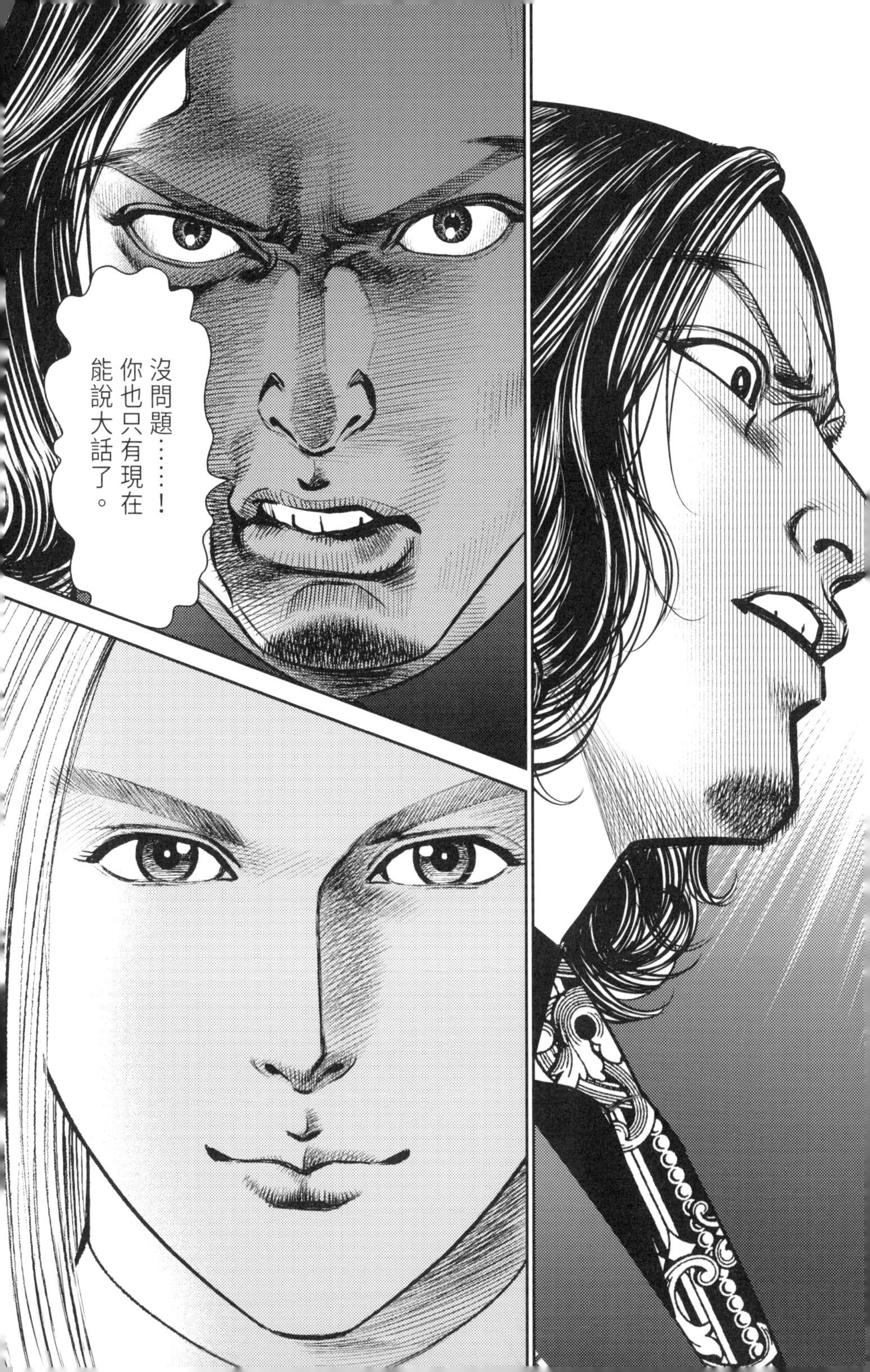
沒問題……！你也只有現在能說大話了。

羅蘭，別這樣！就算是你，營業額也還完全不足以獲勝啊！
現在就去向羅梅歐道歉吧，我也會一起去的。
如果當男公關贏不了那種男人，那就沒意義了。
又來了，你的傳說病……
那件事情是我跟羅梅歐做的啦，為了不要讓你太囂張。
我知道啦，我沒在意。

再一年……不，
再半年年你就會成為
第一名啦！
那又如何！
這個男公關俱樂部
難道跟一般公司一樣，
還得長幼有序嗎！
這才是歌舞伎町的規則吧！
不是吧！
能讓女孩子最開心的，
才能成為第一名！

我並不憧憬
HAREM的第一
或是歌舞伎町的第一
……
我是想成為男公關界的帝王！

——對決第一天
HAREM
KG×PROC
羅梅歐和羅蘭誰會贏呢？
應該還是羅梅歐吧？這個月的營業額差距就超過三千萬耶。
不，這很難說吧，羅蘭今年起獲得的新客人數量可是沒話說，好像也有好幾位大客戶。
真是不知道誰會獲勝。

羅梅歐桌
唉呀，小愛子，就是這樣啦，希望妳能幫我點超貴的酒囉。
該怎麼辦好呢～我是很想讓你贏啦～
今天真是謝謝妳，願意撥空過來。
羅梅歐目前還是第一名對吧？你贏得了嗎？

如果妳願意幫忙點酒的話，今晚可以來我家喔。
真拿你沒辦法，那就先來一瓶黑桃王吧。
羅蘭桌
絕對會贏的，我可不是為了輸才來當男公關。
羅蘭你可真是帥氣哪！

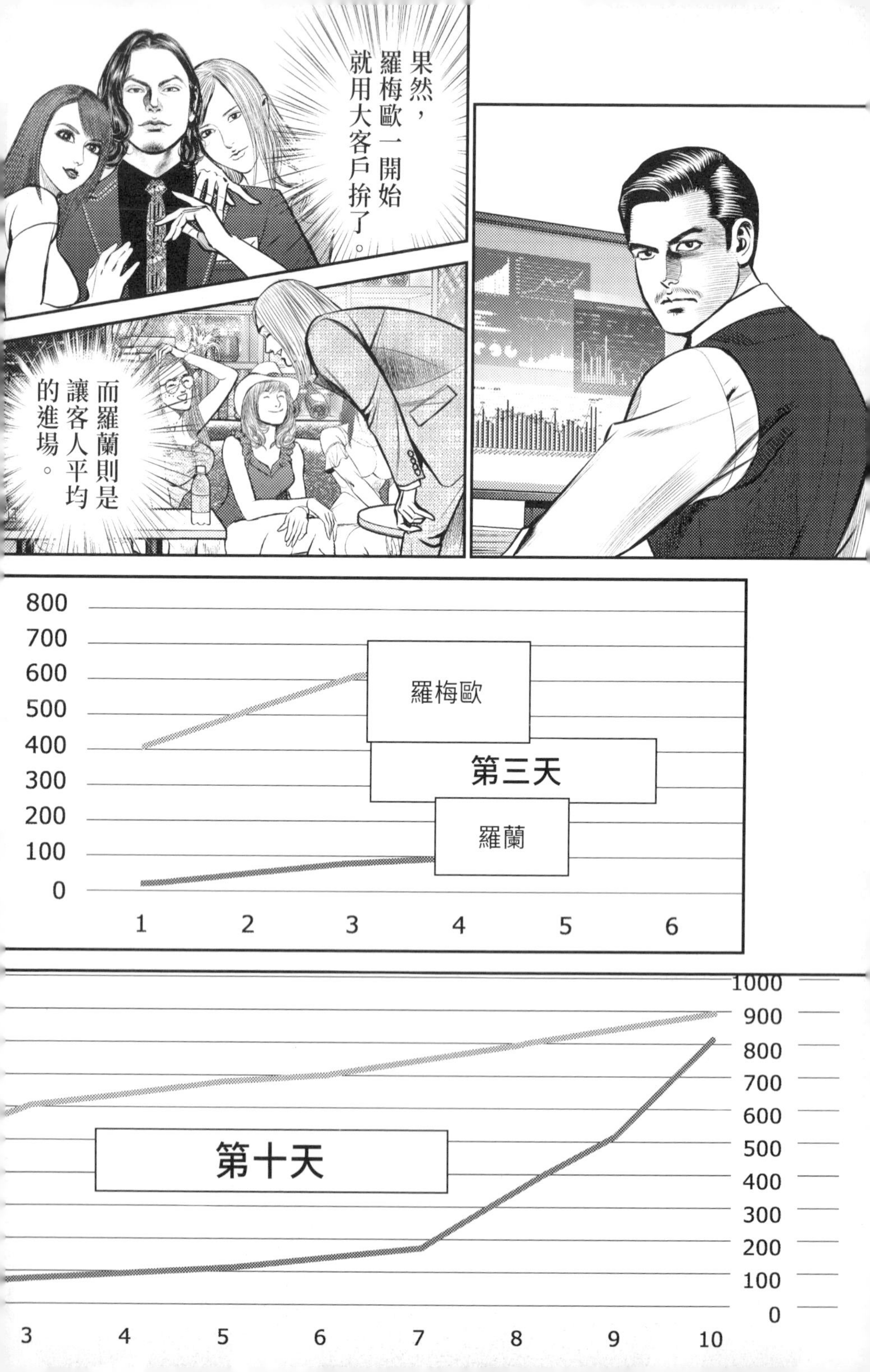

果然，
羅梅歐一開始
就用大客戶拚了。
而羅蘭則是
讓客人平均
的進場。
800
700
600
500
400
300
200
100
0
1
2
3
4
5
6
羅梅歐
第三天
羅蘭
1000
900
800
700
600
500
400
300
200
100
0
3
4
5
6
7
8
9
10
第十天

(煩躁)
イラ イラ
欸……妳要是不喝貴一點的酒，就快回去吧！
好過分喔！我也幾乎把賺來的錢都花在你身上了啊……
當酒店小姐賺不了多少，我幫妳介紹能賺更多錢的店吧！
ザッ
拜託了……我只能依靠妳啊。
蠢女人……就讓妳跌到地獄去吧！

——第十二天
——希望能在新聞專題時段，報導我們店裡的對決？
羅蘭，明天會有人來拍攝你和羅梅歐的對決，麻煩了。
電視嗎？我知道了。
艾瑪呀，我明天要上電視了呢！
真厲害！我一定要錄起來多看幾次！
我想給觀眾一點驚喜，妳覺得怎麼做比較好？
嗯，這樣啊……我覺得羅蘭自然就很好啦……
真要說的話，就是希望能讓觀眾有想見你的感覺吧……

想見我嗎……原來如此。
艾瑪！真是太感謝啦！
今天我們來到歌舞伎町的男公關俱樂部HAREM。

REC
這裡有兩位帥哥，正賭上了自己的驕傲一決勝負。
那麼就來介紹兩位！
黑髮的是羅梅歐先生，是穩坐在HAREM第一名寶座的人。
我是羅梅歐，請多指教。
（轉身！）
REC
而挑戰他的則是新人羅……
咦！

墨、墨鏡？
初次見面各位好，我是羅蘭。你要不要也成為HAREM羅蘭傳說的一頁啊？

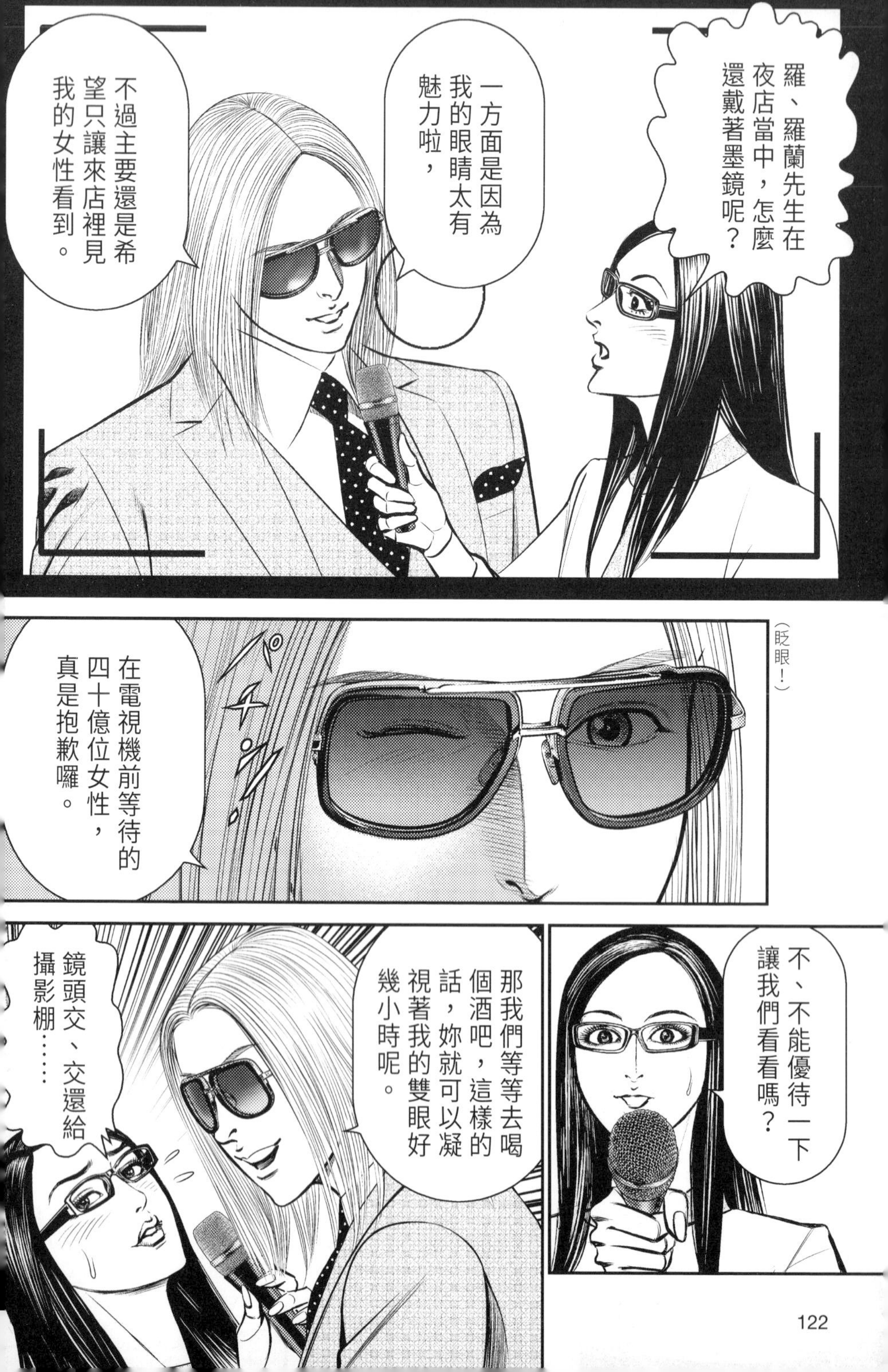

羅、羅蘭先生在夜店當中，怎麼還戴著墨鏡呢？
一方面是因為我的眼睛太有魅力啦，
不過主要還是希望只讓來店裡見我的女性看到。
（眨眼！）
在電視機前等待的四十億位女性，真是抱歉囉。
不、不能優待一下讓我們看看嗎？
那我們等等去喝個酒吧，這樣的話，妳就可以凝視著我的雙眼好幾小時呢。
鏡頭交、交還給攝影棚……

Hennessy
Vittel
羅蘭，你真的不喝嗎？
是啊，因為我想要用百分之百最佳的狀況接待妳們呀。
就算不那樣一口氣灌酒，也能夠享受愉快時光。
這是妳們指名我的特權呀！
Hennessy

チュッ
（啾！）
我要不喝酒獲得
壓倒性勝利！
還有幾天要成為第一，
就只能完美接待客人！
Fine Champagne
V.S.O.P
Hennessy
Fine Champagne
COGNAC
70 CL
キャ

無論誰哭誰笑，明天就會決定HAREM誰是第一了……
HAREM

——來到最終日
ドドオッ!!
(擁擠!)

HA
—晚上八點
歡迎光臨，還請各位享受這魔法般的愉快夜晚。

羅梅歐桌
這樣下去應該能安然拉開距離，不過保險起見……
我想今天應該會成為討人厭男公關的退休紀念日，要好好喝點貴的酒哪！
好～！那就先來個香檳塔吧！
■羅梅歐　銷售額　4400萬＋100萬
（粉紅香檳王香檳塔）
羅蘭　銷售額　3600萬

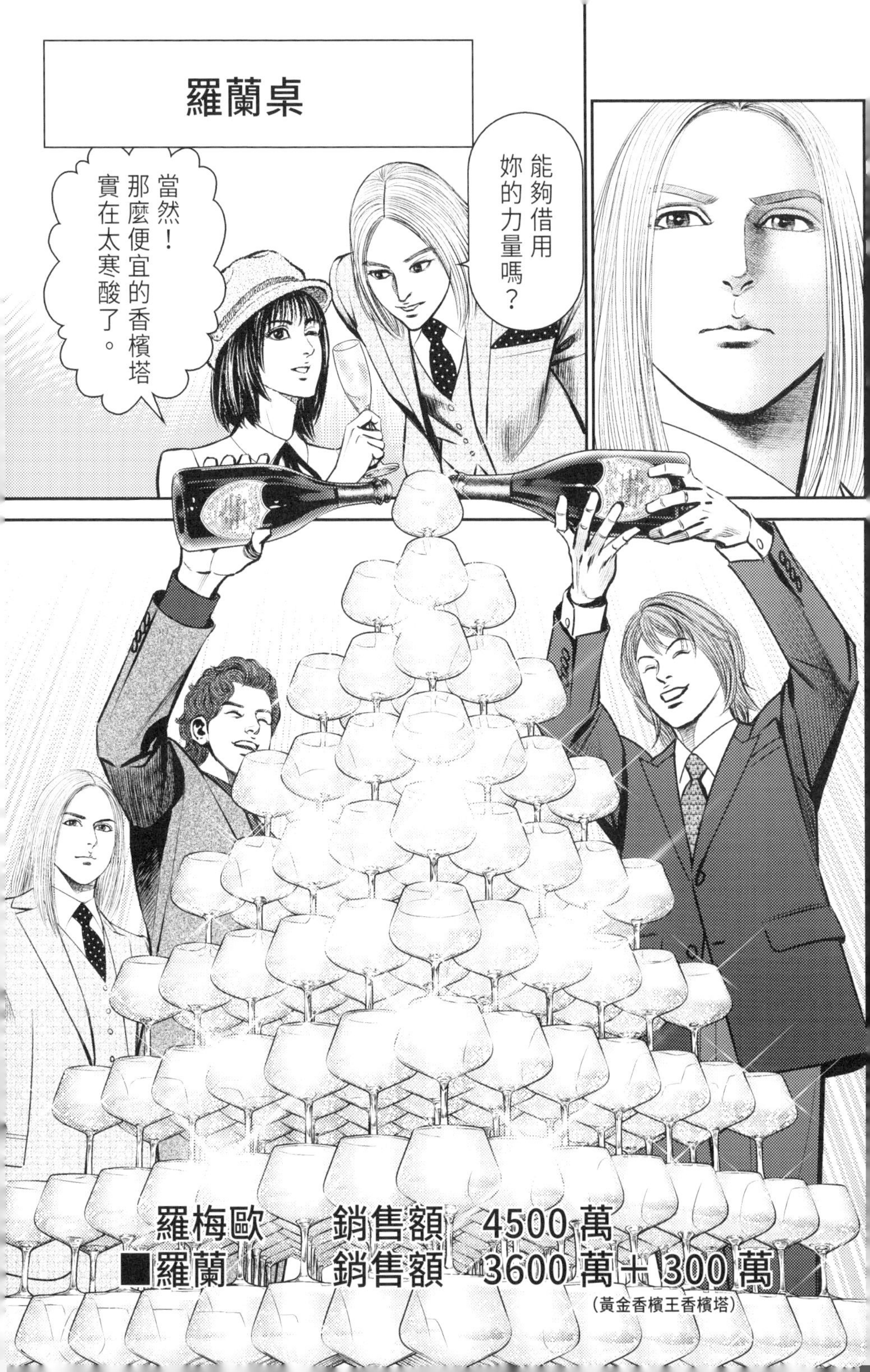
羅蘭桌
能夠借用妳的力量嗎？
當然！那麼便宜的香檳塔實在太寒酸了。
羅梅歐　銷售額　4500萬
■羅蘭　銷售額　3600萬＋300萬
（黃金香檳王香檳塔）

可惡……擺什麼闊！
妳們這些蠢女人還不快點酒！
——晚上九點
來晚啦！我們店裡的人都來囉！
那位就是羅蘭啊！很有男人味呢！
今天要大喝特喝喔！
艾瑪，還有大家！謝謝妳們！

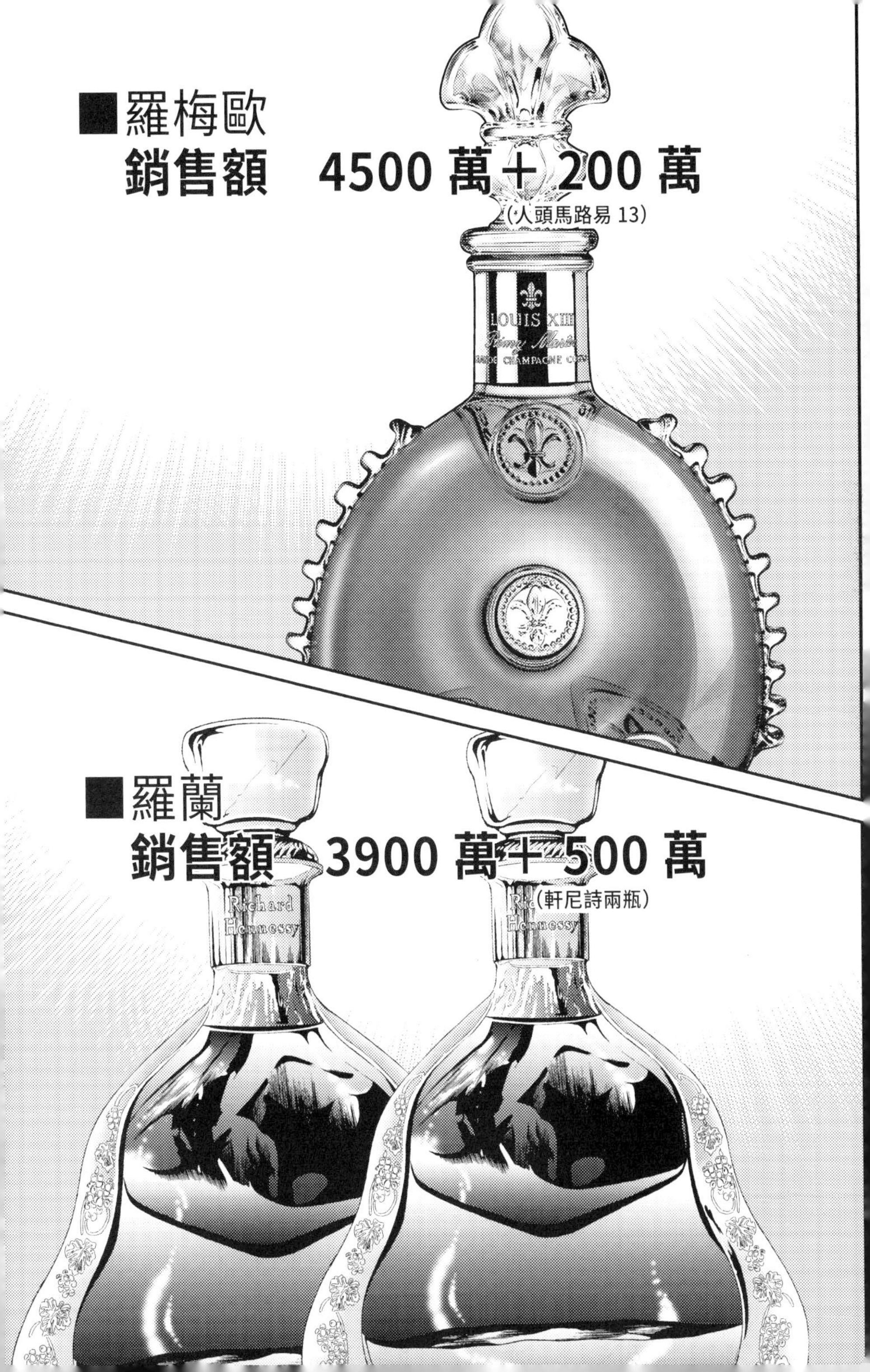
■羅梅歐
銷售額　4500 萬＋ 200 萬
(人頭馬路易 13)
LOUIS XIII
■羅蘭
銷售額　3900 萬＋ 500 萬
(軒尼詩兩瓶)
Richard Hennessy

我以往的接待方式並沒有錯，
所以才會有這麼多願意為我加油的女孩子來了。
再一點就可以超過羅梅歐了吧！
唉呀，真令人開心，不過大家都這樣來為我加油，才真是讓我開心呢！

——晚上十一點
（啪！）
（噠噠！）
沒有預料到會拿出這麼多酒啊！
糟糕……！這樣下去羅蘭就……

Richard Hennessy
COGNAC
■羅梅歐　銷售額 5100萬
■羅蘭　銷售額 4900萬

ダッ！
（噠！）
咦？只剩下便宜的酒可以點？

唉呀呀……雖然你很努力要追上來，但看來十二點之前就會決勝負了呢！
你就給我土下座下跪道歉吧！

(噠噠噠)

MONOPOLE
2012
SOCIÉTÉ CIVILE DU DOMAINE DE LA ROMANÉE-CONTI
PROPRIÉTAIRE A VOSNE-ROMANÉE (COTE-D'OR) FRANCE
ROMANÉE-CONTI
APPELLATION ROMANÉE-CONTI CONTROLÉE
Bouteilles Récoltées
LOUIS XIII
從敵對店家以店面
價格將酒買來。

店裡就算賠錢，讓我們看看男人之間的勝負吧！
請回你的座位，勝負結果要到十二點才會結束喔。
呿！

——晚上十一點半

■羅梅歐

銷售額 5800萬

■羅蘭

銷售額 5750萬

コツ
コツ
ガタッ!
(振奮！)

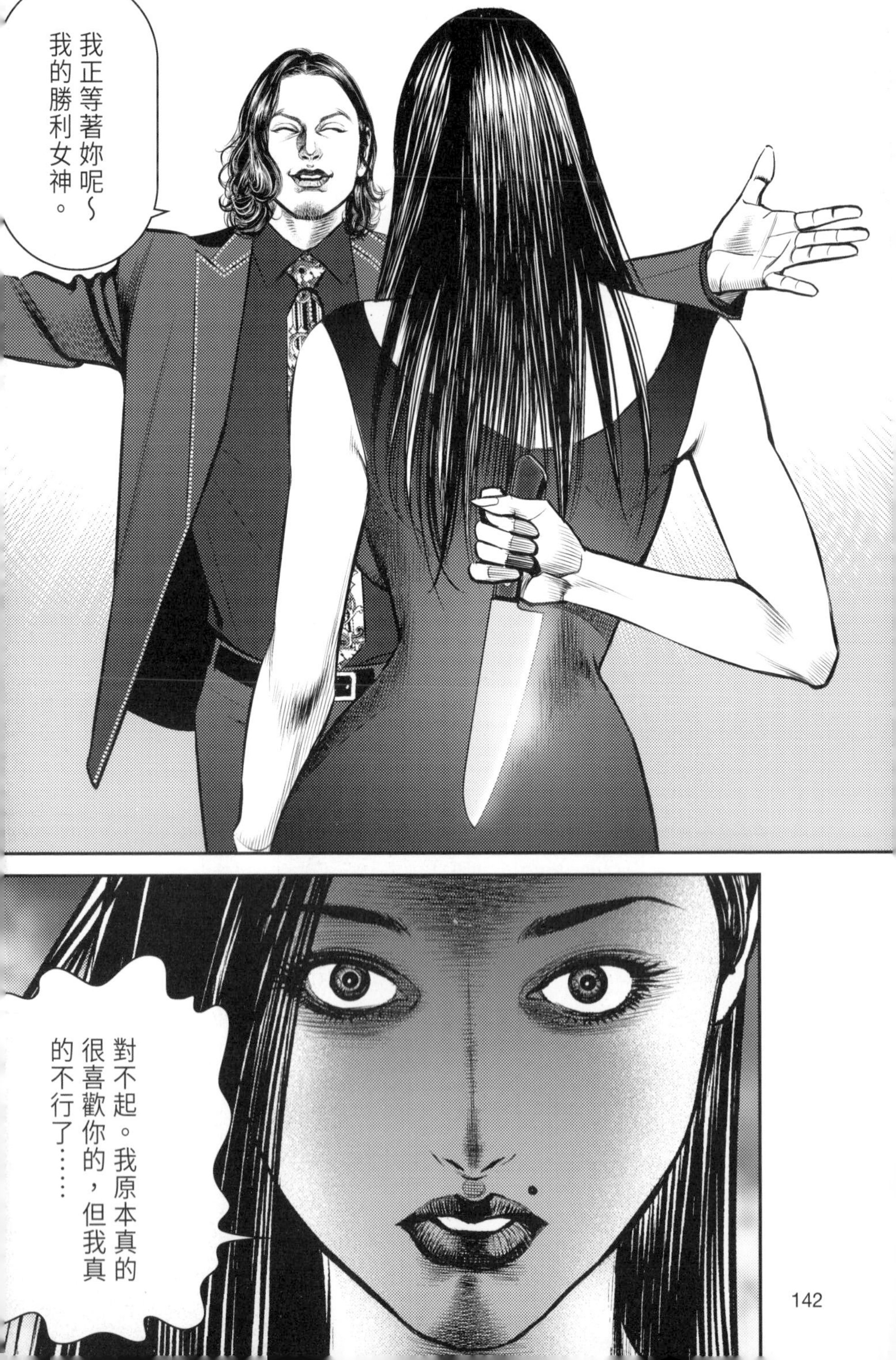
我正等著妳呢~我的勝利女神。
對不起。我原本真的很喜歡你的，但我真的不行了……

把我的人生弄得一團糟，你這個惡劣的男人！

ドン

(呀啊啊！)

新宿病院
唉呀，真抱歉讓你代我受傷了。
之後怎麼樣了啊？
實在沒辦法決勝負了，因為警察都來了……
唉呀，那樣下去的話，肯定是我贏啦。
照著羅梅歐的劇本走呢。

搞什麼啊，你們先前明明感情那麼差，怎麼我一沒留心你們就變好朋友了！
アハハハハッ！
（啊哈哈哈！）
（哈哈哈哈！）
欸怎麼說，畢竟也給店裡添了麻煩，我要退休啦。
所以啦，HAREM接下來的看板，就交給你們囉。
雖然我心裡是不能接受啦……但實在也到極限了。
你們可要讓店裡熱鬧到大家忘了我這退休之人哪。

……羅蘭你要怎麼做？
其實……

嗨，羅蘭，看來是你獲勝了。
都是托了「羅蘭」這個名字的福。
要不要去外頭走走？
好的！

花園神社
花園神社
我也快要退休了。

既然有了羅蘭這個繼承人，接下來男公關界就交給你了。

ｸﾞｯ!!
抓！）
聖也先生……
請你和我一決勝負。
如果我贏了的話，
請你收回說要退休的事。
呵呵……
真是有趣的
提議哪。
不過羅蘭，
這是個規則呀。
就和這櫻花一樣，
我想在最美麗的
時候俐落的凋零。

ギラッ!
(一亮!)
不過哪……會這樣大膽開口說要挑戰我的晚輩,你還是第一個。
我不會改變退休的決心,不過還是可以一決勝負。
在凋零前,先讓你明白男公關界帝王的嚴苛之處也不錯。

非常感謝您！
正因為是最棒、最美麗的櫻花，我一定會讓您擁有最美麗的飄零！

這可是賭上男公關界帝王之名，要使出全力啊！
……就是這樣。
真讓人傻眼……你還是個會惹麻煩的傢伙……
只有我的話實在有點辛苦，所以你快點出院吧！
新宿病院
誰要去當你的幫手啦！

──十年後 羅蘭 工作最終日
ワー
ワー
ワー
ワー
お好み焼き本陣
OKONOMIYAKI HONJIN
歌舞伎町一番街
FILLER

之後又發生了許多事情……
與聖也先生一決勝負……
成為歌舞伎町帝王
以後，出現敵對店家……
到了今天，要退休了……
ワァ
ワァ
ワァ
カラオケ館
カラオケ館
DOUTOR

但是……這還不算結束。
ザッ!
就像聖也先生培育了我，
LABI
歌舞伎町一番街
我也要培育下一個超越我的傳說牛郎。
ワァァァァッ!
為此我會再次前往！等著我吧，歌舞伎町！

2019年
(叩叩)
コン
コン
ガチャ!
(喀嚓！)
東京書店
ビリヤード
歡迎光臨，這兒有點小，真抱歉。
玲實小姐，恭喜妳的出版社開張了。
唉呀，真漂亮的花束。

請用茶。
謝謝，你就是玲實小姐的男朋友嗎？
不是男朋友，是我老公啦。
我說要自己開出版社，他當天就辭掉工作來跟我求婚了。
原來如此！這樣的話女孩子一定會答應的。
我想你應該很有討女孩子歡心的才能，如果你想當男公關的話我隨時能幫忙喔。
他會當真的，別開玩笑了！
不過我沒想到你會接受我邀請，出版羅蘭的小說。
這可是玲實小姐這輩子的大挑戰，我怎麼可能不支持。
謝謝你。

雖然被稱為夢幻小說聽起來好像很棒，
不過真的會有人想看我高中時代寫的小說嗎？
呵呵，羅蘭「大人」怎麼說這種洩氣話呢。
高中時代的羅蘭，光靠著沒來由的自信就寫了小說，
但如今在歌舞伎町奮鬥過後，經歷了許多失敗和經驗，才站上男公關巔峰。
所以現在不是有很多人支持你嗎！
說得也是，至少有四十億的女性讀者在等著呢。

終於……
「時機」
終於到來了！
標題也要
重想啊……
這樣啊……
稿子要修改的地方
可多了呢！
怎麼這麼多，
高中的時候應該
很完美呀……

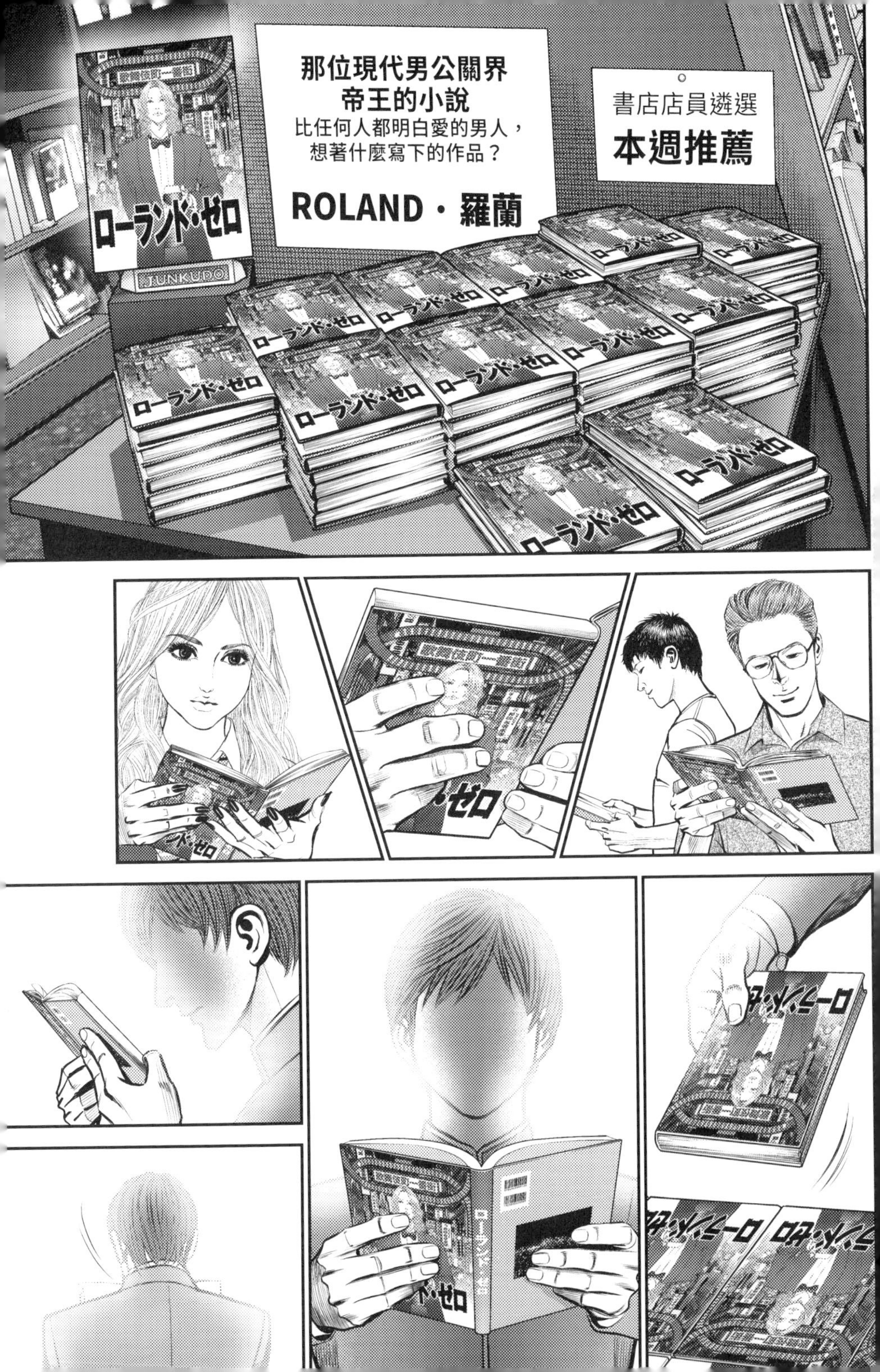
書店店員遴選
本週推薦
那位現代男公關界
帝王的小說
比任何人都明白愛的男人，
想著什麼寫下的作品？
ROLAND・羅蘭
ローランド・ゼロ
TUNKUDO

歌舞伎町一番街
焼き
本陣 PART2 7F
小松ビル
お好み焼本陣
2F
全卓全自動
東南
ハンタイ
3F
焼肉
自転車を除く
みなさまの安全を守ります
防犯カメラ作動中

從 ROLAND ZERO 往 NEW ROLAND 邁進

我不再維持長時間以來作為我招牌的金髮，理由有好幾個，不過其實這部作品也是原因之一。

對我來說，金髮是對於聖也的憧憬象徵，有人說「在憧憬的時候，是無法贏過那個人的」，我自己也認為的確是如此。

但他真的是一位完美的男公關。和他那種潔身自愛以及待人接物之道相比，我雖然有自信還算接近，但也不認為自己已經超越他。

雖然是在漫畫當中的劇情，但是他認可了我，對於我自己來說還是件大事。能夠和他站在一起，我真的非常開心，這給了我邁向下一個階段的契機。

雖然這部作品是從ZERO開始的ROLAND，不過托這部作品的福，我也能夠挑戰全新的自我「NEW ROLAND」。聖也先生兩次改變了我的人生，我在他面前可說是抬不起頭來哪。

另外我也要在此向描繪這些場景的井上老師致上謝意。這部作品實現了我的夢想，在各方面對我來說都是非常重要的作品。

監修：**ROLAND**

1992年7月27日出生於東京都，AB型，被稱為「現代男公關界的帝王」。18歲開始從事男公關，22歲時創下當時歌舞伎町史上最高的轉店簽約金，引發話題造成轟動。25歲就任KG-PRODUCE董事。2018年的生日活動，一個晚上就創下5500萬日圓業績的驚人紀錄。退休後獨立成為企業家，目前經營男公關俱樂部、娛樂事業、男性脫毛沙龍等，大為活躍。另外也積極更新YouTube官方頻道《THE ROLAND SHOW》。

漫畫：**井上紀良**

1959年2月11日出生於滋賀縣。曾任漫畫家青柳裕介、間宮聖士的助手，1978年以《鳳梨喬》（「週刊少年KING」）出道，之後於「週刊YOUNG JUMP」發表《天使》《男子漢是天兵》（原作：雁屋哲）。以紐約警察為主角的《MAD★ BLUE捍衛雙警》（原作：小池一夫）極其成功的長期連載，之後改編的動畫也大受歡迎，成為其代表作。本次合作契機的《夜王》（原作：倉科遼）是曾被改編為日劇的暢銷作品，其他作品尚有《X》（原作：梶研吾）《黃龍之耳》（原作：大澤在昌）等。

Eurasian Publishing Group
圓神出版事業機構
用心與你對話．視野無限寬廣
圓神出版社
Eurasian Press

www.booklife.com.tw
reader@mail.eurasian.com.tw

TOMATO 074

ROLAND・羅蘭 逆襲篇

監　　修／ROLAND
漫　　畫／井上紀良
譯　　者／黃詩婷
發 行 人／簡志忠
出 版 者／圓神出版社有限公司
地　　址／臺北市南京東路四段50號6樓之1
電　　話／（02）2579-6600・2579-8800・2570-3939
傳　　真／（02）2579-0338・2577-3220・2570-3636
總 編 輯／陳秋月
主　　編／賴真真
責任編輯／林振宏
校　　對／林振宏・吳靜怡
美術編輯／簡　瑄
行銷企畫／陳禹伶・林雅雯
印務統籌／劉鳳剛・高榮祥
監　　印／高榮祥
排　　版／莊寶鈴
經 銷 商／叩應股份有限公司
郵撥帳號／18707239
法律顧問／圓神出版事業機構法律顧問　蕭雄淋律師
印　　刷／祥峰印刷廠
2022年2月　初版
2022年2月　2刷

定價 660 元 套書不分售　ISBN 978-986-133-810-1

認爲「自己和別人不一樣」的幻想，以現在的話來說就是中二病吧。非常積極地誤以爲「我應該能夠改變世界吧？」不過正是這種想成爲電視裡的超級英雄的純眞念頭，從孩提時代起就支撐著「我＝羅蘭」這個人。

——《ROLAND・羅蘭》

國家圖書館出版品預行編目資料

ROLAND・羅蘭 / ROLAND 監修；井上紀良 漫畫；黃詩婷 譯.
-- 初版. -- 臺北市：圓神出版社有限公司, 2022.02
第2冊 ；14.8×20.8公分 --（Tomato；74）
ISBN 978-986-133-810-1（全套：平裝）
1. 羅蘭 2.傳記 3.漫畫

783.18　　110021192